Das große Buch der

Cocktails & Getränke

mit und ohne Alkohol

Das große Buch der

Cocktails & Getränke

mit und ohne Alkohol

INHALT

Nichts gegen ein Glas Champagner, ein gutes Glas Wein oder ein frisch gezapftes Bier – jeder wird es genießen, doch besonders einfallsreich ist es nicht. Und hier liegt der Reiz des Mixens: Mit jedem Cocktail und Longdrink können Sie Ihre Individualität und Ihre persönliche Kreativität unter Beweis stellen. Ob Sie ganz für sich allein oder in trauter Zweisamkeit die „Seele baumeln lassen", ein arbeitsreicher Tag ausklingt, ein besonders schöner Abend bevorsteht, Sie einige Freunde einladen oder in großer Runde feiern – mit Mix-Drinks schaffen Sie das Flair, das Entspannung schafft und die Stimmung hebt.

Cocktails und Longdrinks vermitteln das Gefühl von Lebensfreude und Freizeit, laden mit ihren fantasievollen Namen ein zu einer Reise rund um die Welt. Ein ganz persönlich für den Partner, Freund oder Gast gemixter Drink gleicht einem Geschenk, das man nicht so schnell vergisst. Lassen Sie sich inspirieren von den Rezepten – gemixt mit und ohne Promille, lieblich oder pikant, heiß oder kalt. Probieren und variieren Sie – je nach persönlichem Geschmack, nach Anlass, Stimmung, Tages- und Jahreszeit: ein appetitanregender Apéritif vor dem Essen, ein Digéstif als Krönung des Menüs, ein bekömmlicher Flip, ein zischender Fizz, ein erfrischender Collins, ein dekorativer Fantasiedrink oder ein heißer Grog an einem kalten Winterabend …

Mit Mix-Getränken können Sie immer wieder für neue Überraschungseffekte sorgen. Um diesem Hobby zu frönen, brauchen Sie keinen Partykeller, keine exklusiv ausgestattete Hausbar und kein unüberschaubares Arsenal von Flaschen: Ein Servierwagen reicht völlig aus. Denn nicht auf die Ausstattung kommt es an, sondern auf die Zeit und die Gedanken, die Sie investieren. Sie selbst setzen die Akzente. Und wenn es Ihnen gelingt, dass der Funke überspringt, wird jeder Cocktail und Longdrink für Sie und Ihre Gäste ein Anlass sein, Goethes Faust zu zitieren: „Hier bin ich Mensch, hier darf ich sein."

ALLES FÜR DIE BAR

Mit dem richtigen Handwerkzeug macht das Mixen noch mehr Spaß. Auf dem Foto sehen Sie alles, was es für die Bar gibt. Das eine oder andere Zubehör werden Sie sicherlich ohnehin besitzen, und auf einiges können Sie – zumindest am Anfang – auch verzichten.

1. Wein- und Sektflaschenkühler

Er erspart Ihnen den ständigen Griff in den Kühlschrank. Mit Eis gefüllt, hält der Kübel den Inhalt der angebrochenen Flaschen schön kalt.

2. Eisbehälter

Die meisten Drinks werden eiskalt serviert. Der Eisbehälter garantiert Ihnen, dass Ihr Eiswürfelvorrat nicht dahinschmilzt.

3. Eiszange

Mit der Eiszange haben Sie jeden Würfel fest im Griff.

4. Boston-Shaker

Er besteht aus einem größeren Metallbecher und einem etwas kleineren Rührglas.

5. Barlöffel

Spezielle Barlöffel erleichtern Ihnen durch die schmale, lange Form das Umrühren. Profis verwenden ihn häufig auch verkehrt herum.

6. Shaker

Ein Shaker gehört unbedingt zur Grundausstattung. Er sorgt dafür, dass alle Zutaten eines Drinks optimal durchgeschüttelt werden.

7. Messbecher

Wer sichergehen will, verlässt sich nicht auf sein Augenmaß. Die meisten Messbecher fassen auf der einen Seite 2 cl und auf der anderen Seite 4 cl.

8. Flaschenverschluss

Für Sekt- und Weinflaschen gibt es spezielle Verschlüsse in verschiedenen Variationen. Sie garantieren, dass die edlen Tropfen bis zur Neige nichts von ihrer Qualität einbüßen.

9. Flaschenöffner

Ein gut funktionierender Flaschenöffner muss immer zur Hand sein.

10. Barmesser

Kein Muss, aber sehr hilfreich ist ein Barmesser. Mit ihm lassen sich Früchte leichter schneiden, schälen und aufspießen als mit einem normalen Küchenmesser.

11. Barzange

Die Barzange ist ein sehr praktisches und vielseitiges Utensil, aber für den Hobby-Mixer durchaus entbehrlich.

12. Sektkorkenzange

Wer nur ab und zu eine Sektflasche öffnet, kommt auch ohne diese spezielle Zange aus.

13. Barsieb

Auf ein Barsieb, auch Strainer genannt, sollte man nicht verzichten. Durch die Spirale passt es sich jeder Shaker- oder Glasöffnung an und hält beim Eingießen das Eis zurück.

14. Flaschenöffner und -verschluss

Mit der einen Seite öffnet man die Flasche, und mit der anderen kann man sie direkt wieder verschließen.

15. Weinthermometer

Ein Weinthermometer zeigt genau an, welche Temperatur der Flascheninhalt – nicht nur Wein – haben sollte und tatsächlich hat.

16. Ausgießer

Flaschen mit Ausgießer erleichtern die Dosierung der kostbaren Spirituosen, da es bei Mix-Drinks meist um nur ganz geringe Mengen geht.

17. Korkenzieher

Mit so genannten Glocken- oder Hebelkorkenziehern lässt sich jeder Korken ohne Kraftakt sauber entfernen.

18. Kellnerkorkenzieher

Ein Gerät mit drei Funktionen: Korkenzieher, Flaschenöffner und kleines Messer.

19. Trinklöffel

Praktisch für Mixgetränke mit Eis oder Früchten: ein Löffel mit integriertem Strohhalm.

20. Cocktailpicker

Kleine Cocktailspieße gibt es aus vielen Materialien und in vielen Farben.

FREIXENET

VERZIERUNGEN: DAS

Man muss kein Künstler sein, damit aus dem Drink nicht nur ein Genuss für den Gaumen, sondern auch für das Auge wird. Je fruchtiger und erfrischender ein Longdrink ist, desto fantasievoller darf die Verzierung sein.

Der **Crustarand** ist nicht nur sehr dekorativ, sondern auch ganz einfach herzustellen: Den Glasrand mit einem Zitronenstück befeuchten oder direkt in Zitronensaft und dann in Zucker tauchen. Wenn Sie das Glas anschließend einige Minuten in den Kühlschrank stellen, wird der Crustarand haltbarer.

Statt des Zitronensafts können Sie auch Eiweiß, jeden anderen Fruchtsaft oder auch Sirups verwenden. Nehmen Sie zum Beispiel Grenadine, wenn ein roter Rand zum Inhalt des Longdrinks passt. Oder tauchen Sie den angefeuchteten Glasrand in gemahlene oder geraspelte Haselnüsse bzw. Mandeln.

Eine andere interessante Variante ist der Kokosnussrand: Glas in Kokosnussirup oder -likör tauchen und dann in Kokosraspeln.

Kaffee- und Schokoladendrinks können Sie verzieren, indem Sie den angefeuchteten Glasrand in braunen Zucker, Kaffee- oder Schokoladenpulver tauchen. Und Kinder sind begeistert, wenn ihnen der Drink mit einem Rand aus bunten Zuckerperlen serviert wird.

Der **Salzrand** für herzhafte Drinks ist so einfach wie der Zuckerrand: Befeuchten Sie den Glasrand ebenfalls mit Zitronensaft und tauchen Sie ihn dann in normales Speisesalz oder in Selleriesalz.

Zitrusfrüchte gehören zu den beliebtesten Verzierungen von Cocktails und Longdrinks. Verwenden Sie für diesen Zweck nur unbehandelte Zitronen, Orangen, Grapefruits und Limetten (die westindischen, sehr aromatischen Zitronen mit grüner Schale werden auch Limonen genannt). Immer unter fließendem Wasser gründlich abbürsten und anschließend trockentupfen.

Eine dekorative Zitrusspirale erhalten Sie, indem Sie mit einem Schälmesser dicht an der Oberfläche (oberhalb der weißen Innenhaut) rundum gleichmäßige Streifen herausschälen. Ganz schmale Streifen können Sie auch zusätzlich noch dekorativ verknoten.

Selbst Zitrusscheiben, die in den Drink gegeben oder auf den Glasrand gesteckt werden, können Sie ganz einfach verzieren: Ritzen Sie, bevor Sie die Frucht in Scheiben

Aufgespießte Zitrusfrüchte

schneiden, mit dem Schälmesser mehrere schmale Streifen in die Schale.

Sehr effektvoll sind auch in Windungen auf Spießchen gesteckte Zitrusscheiben, die man mit Cocktailkirschen kombinieren kann.

Weißer Crustarand

Kirsche mit rosa Crustarand

Bunter Zuckerrand

Dekorative Ergänzung zum Inhalt d

AUGE TRINKT MIT

Tropische Früchte wie die sternförmige Karambole (daher auch Sternfrucht genannt), die Kumquat (die Zwergorange wird mit Schale gegessen), die Physalis (Kapstachelbeere) sowie Papaya, Ananas, Kiwi, Melone und Banane machen – aufgespießt oder auf den Glasrand gesteckt – jeden Longdrink zur Augenweide. Und nicht zu vergessen die aus China stammende süßsaure Lychee, die man auch
so schreibt wie man sie spricht: Litschi.

Aber auch unsere einheimischen Früchte wie Erdbeeren, Kirschen, Pfirsiche, Äpfel und Trauben sind ideal für dekorative Verzierungen. Geschälte Bananen und Äpfel sollten Sie sofort mit Zitronensaft beträufeln, damit sie sich nicht verfärben.

Wichtig bei allen Früchten ist, dass sie frisch, reif und makellos sind. Bei Honigmelonen sollten Sie folgenden Test machen, da die Farbe nichts über die Reife verrät: Drücken Sie leicht auf die dem Stiel gegenüberliegende Seite. Wenn sie nachgibt, ist die Frucht reif.

Reife Ananasfrüchte erkennen Sie an dem intensiven Duft speziell am Stielansatz. Die Blätter sind im Übrigen auch eine sehr schöne Dekoration.

Physalis

Rote Weintrauben

Karambole

Spießchen

ixgetränks: Fruchtstückchen und aromatische Blätter

Allerdings sollten Sie Ananas nicht zusammen mit Milchprodukten verwenden. Das erzeugt einen bitteren Geschmack.

Spießchen, ins Glas gestellt oder über den Rand gelegt, bieten eine Vielzahl von Variationsmöglichkeiten: Melonenstückchen oder -kugeln, Kirschen und Erdbeeren, Orangen- oder Zitronenscheiben mit Kirschen, Kirschen und Ananasstückchen, Grapefruit-, Bananen- und Limonenscheiben, Ananas-, Kiwi- und Papayascheiben, Kirsche, Papaya- und Sternfruchtscheiben, Kirsche, Pfirsich- und Kiwischeiben etc.

Obstspirale

Dekorativ sind aber auch Spießchen mit nur einer Fruchtsorte wie zum Beispiel hellen oder dunklen Trauben, Bananenscheiben, Kirschen oder Melonenkugeln. Wenn Sie keine Cocktailspießchen zur Hand haben, können Sie auch Zahnstocher verwenden.

Zitronenmelisse verleiht den Drinks nicht nur optisch ein frisches Aroma. Wenn Sie keinen Garten oder Balkon haben, können Sie frische Zitronenmelisse auch wunderbar im Blumentopf auf der Fensterbank ziehen. Falls Sie Zitronenmelisse im Bund kaufen, sollten Sie die Stiele sofort ins Wasser stellen. Auch zum Einfrieren ist Melisse geeignet: Waschen, trockentupfen und im Gefrierbeutel ins Tiefkühlfach legen.

Minze ist ebenfalls sehr beliebt wegen ihres intensiven Aromas und sehr dekorativ. Auch sie lässt sich wunderbar im Garten, auf dem Balkon und mit ein bisschen Glück im Blumentopf auf der Fensterbank ziehen. Am intensivsten ist das Aroma kurz vor der Blüte im Juli/ August.

Melissezweig

Eisstückchen: Frucht- und sternförmig eingefrorener Fruchtsaft, Früchte in Würfeln eingefroren.

Eiswürfel werden zur farbenfrohen Dekoration, wenn Sie Säfte oder Sirupe pur oder gemischt mit kohlensäurearmem Mineral- oder Heilwasser einfrieren. Legen Sie kleine Ausstechformen (Herzen, Sterne etc.) in die Eiswürfelschale, wenn Ihnen quadratische Würfel zu langweilig sind. Kurz vor dem Servieren unter fließendes Wasser halten. Oder benutzen Sie Eiskugelschalen bzw. -beutel.

Ausgehöhlte Grapefruit mit einer Garnitur aus Fruchtspießchen und Melisseblättern.

Überraschen Sie Ihre Gäste mit „Fancy-ice-cubes" Für die Fantasie-Eiswürf brauchen Sie lediglich einige tadellose Früchte wie Erdbeeren, Kirschen, Himbeeren, Johannisbeeren, Weintrauben oder kleine Stückchen von Zitrusfrüchten: Die Früchte in die Eiswürfelschale verteilen und mit Mineralwasser auffüllen. Auch Zitronenmelisse, Minze und Oliven lassen sich wunderbar in Eiswürfeln einfrieren. Nach wenigen Stunden sind die Früchte-Eiswürfel fertig.

Wenn Sie die Früchte lieber ohne den Eismantel servieren, halten Sie die Eisschale kurz unter fließendes Wasser, bis sich die äußere Eishülle gelöst hat. Sie können die geeisten Früchte dann einzeln in den Drink geben.

„Fancy-ice-cubes" mit noch mehr Farbe und Geschmack für fruchtige Sommerdrinks: Grenadine-, Waldmeister- und Maracujasirup mit kaltem Malvenblütentee und Mineralwasser mischen, in verschiedene Eiswürfelformen füllen, Kirschen mit Stiel, kleine Melissenzweige und Zitronenstücke hineingeben und mit Mineralwasser auffüllen.

Trinkhalme in verschiedenen Farben und Formen haben den Vorteil, dass die Gäste nicht versehentlich am Glas ihres Nachbarn nippen. Verwechslungen können Sie auch ausschließen durch fantasievolle Rührstäbe und originelle Dekorationen, die auf den Glasrand gesteckt werden. Kleine und große Gäste freuen sich über diese Souvenirs, die sie an einen schönen Nachmittag oder Abend erinnern.

BERMUDA HIGHBALL

3 cl Cognac
2 cl Gin
1 Spritzer Orangenbitter
Ginger Ale
Orangenscheibe

Cognac, Gin und Orangenbitter im Mixglas verrühren, in Longdrinkglas abseihen und mit Ginger Ale auffüllen. Mit Orangenscheibe servieren.

CAPRI COCKTAIL

3 cl Cognac
1 cl Vermouth Rosso
1 Spritzer Angostura
1 TL Grenadine
Kirsche

Zutaten im Mixglas verrühren und in ein Cocktailglas abseihen. Mit Kirsche servieren.

COGNAC SOUR

4 cl Cognac
2 cl Zitronensaft
1 cl Zuckersirup
Sodawasser
1/2 Zitronenscheibe

Cognac, Saft und Sirup im Shaker auf Eis gut schütteln und in einen Tumbler abseihen. Mit etwas Sodawasser auffüllen und mit der halben Zitronenscheibe dekorieren.

BLOCK AND FALL

2 cl Cognac
2 cl Cointreau
1 cl Calvados
1 cl Pernod

Zutaten im Shaker mit drei bis vier Eiswürfeln kurz und kräftig schütteln und in ein Likörglas oder einen Südwein-Kelch abseihen.

SIDE CAR

3 cl Brandy
3 cl Cointreau
3 cl Zitronensaft

Zutaten im Shaker auf Eis gut mixen und in ein vorgekühltes Cocktailglas abseihen.

Capri Cocktail • Cognac Sour

COGNAC TROPICAL

4 cl Cognac
2 cl Orangenlikör
2 cl frischer Zitronen- oder Limettensaft
4 cl Orangensaft
4 cl Ananassaft
frische Minze
Orangen- oder Ananasscheibe
Muskatnuss

Cognac, Likör und Säfte im Shaker auf Eiswürfeln schütteln und in ein Longdrinkglas abseihen. Mit Minze, Orangen- oder Ananasstück dekorieren und mit Muskatnuss bestäuben.

SUMMER-TIME

4 cl Cognac
1 cl Cassis
1 cl frischer Zitronensaft
10 cl Ginger Ale
1/2 Orangenscheibe
2 Cocktailkirschen

Cognac, Cassis und Zitronensaft auf Eiswürfel in ein Longdrinkglas geben und mit Ginger Ale auffüllen. Mit der halben Orangenscheibe und Kirschen dekorieren.

Cognac Tropical • Summertime

COGNAC FRAMBOISE

1 EL in Cognac eingelegte Himbeeren
1 EL Saft der eingelegten Himbeeren
trockener Sekt oder Champagner

Die Himbeeren und den Saft in ein Sektglas geben und mit Sekt bzw. Champagner auffüllen.

Tipp: Die Cognac-getränkten Himbeeren können Sie ohne großen Aufwand selbst zubereiten. Das Rezept reicht für viele Drinks. 500 g frische Himbeeren vorsichtig waschen und gut abtropfen lassen. Tiefgefrorene Himbeeren auftauen lassen. Mit 200 g Zucker in ein gut verschließbares Gefäß füllen und mit einem Liter Cognac übergießen. Das geschlossene Gefäß längere Zeit stehen lassen und ab und zu vorsichtig umrühren.

CHAMPS-ELYSÉES

3 cl Cognac
1 cl Bénédictine
1 TL Zitronensaft
1 Spritzer Angostura

Zutaten im Shaker mit gestoßenem Eis mixen und in Cocktailschale abseihen.

BOMBAY

2 cl Cognac
1 cl Vermouth Dry
1 cl Vermouth Bianco
2 Spritzer Curaçao
1 Spritzer Anis

Zutaten auf Eiswürfeln im Mixglas verrühren und in einer vorgekühlten Cocktailschale servieren.

BRANDY CRUSTA

5 cl Brandy
1 cl Zitronensaft
1 TL Zuckersirup
3 cl Angostura
1 TL Maraschino
Zitronenspirale
Für den Zuckerrand:
Zitrone und Zucker

Den Rand eines Weißweinglases in Zitronensaft und dann in Zucker tauchen. Zutaten im Shaker auf Eis schütteln und in das Glas abseihen. Mit einer Zitronenspirale dekorieren.

CHERRY BLOSSOM

2 cl Brandy
2 cl Cherry Brandy
1 cl Cointreau
1 cl Zitronensaft
1 cl Grenadine

Alle Zutaten im Shaker auf Eis mixen und in eine Cocktailschale abseihen.

Cognac Framboise

PRIVATE LOVER

3 cl Weinbrand
2 cl Pfirsich-Nektar
2 cl Grapefruitsaft
Sternfruchtscheibe
Erdbeere

Weinbrand und Säfte im Shaker mixen und in eine Cocktailschale geben. Mit Sternfrucht und Erdbeere dekorieren.

STINGER

4 cl Brandy
2 cl Crème de Menthe weiß

Brandy und Pfefferminzlikör im Mixglas mit Eis verrühren und in ein Cocktailglas oder einen Cognacschwenker abseihen. Sie können den Stinger auch auf Eiswürfeln im Tumbler servieren.

AMERICAN BEAUTY

2 cl Brandy
2 cl Vermouth Rosso
2 cl Orangensaft
3 cl Crème de Menthe weiß
2 cl Portwein

Brandy, Vermouth, Orangensaft und Crème de Menthe auf Eis im Shaker mixen, in ein Longdrinkglas auf Eiswürfeln abseihen und Portwein darüber gießen.

SUNSET

3 cl Weinbrand
2 cl Edelkirsch Cream
6 cl Ananassaft
6 cl Orangensaft
Limonenscheibe
Erdbeere

Weinbrand, Likör und Säfte im Shaker auf Eis mixen und in ein Longdrinkglas auf Eiswürfel abseihen. Limone und Erdbeere auf den Glasrand stecken.

Private Lover

Sunset

Happy France • Cognac Orange
Printemps

HAPPY FRANCE

2 cl Cognac
2 cl Curaçao
1 cl Zitronensaft
1/2 Eiweiß

Zutaten auf Eis im Shaker schütteln und in ein Cocktailglas abseihen.

PRINTEMPS

6 cl Cognac
1 TL Puderzucker
4-5 frische Minzeblätter
1 Orangenscheibe
1 Zitronenscheibe

Cognac, Puderzucker und Minzeblätter in ein Longdrinkglas geben, mit gestoßenem Eis auffüllen und vorsichtig umrühren, bis die Minzeblätter auf dem Eis liegen. Mit Orangen- und Zitronenscheibe dekorieren.

COGNAC ORANGE

4 cl Cognac
2 cl Orangen-Likör
1 cl frisch gepresster Zitronensaft
Cocktailkirsche

Cognac, Likör und Saft im Shaker auf Eis gut schütteln und in ein gekühltes Cocktail- oder Sektglas abseihen. Kirsche hineingeben.

JARDIN D'OR

6 cl Weinbrand
2 cl Zitruslikör
1 cl Zitronensaft
6 cl Aprikosen-Nektar
Sekt

Zwei Eiswürfel in ein Longdrinkglas geben, Weinbrand, Likör und Zitronensaft dazugießen. Aprikosen-Nektar hinzugeben und mit Sekt auffüllen.

Jardin d'or

TIGER-LILLY

2 cl Weinbrand
2 EL Zitronensaft
2 EL Ahornsirup
1/4 l weißer Traubensaft
Weintrauben

Weinbrand, Zitronensaft und Ahornsirup in einem Longdrinkglas verrühren. Mit gut gekühltem Traubensaft auffüllen und mit Weintrauben dekorieren.

LE DOUX JARDIN

5 cl Weinbrand
roter Traubensaft
Bitter Lemon
einige Trauben
Limonen- oder Zitronenscheibe

Weinbrand auf zwei Eiswürfel in einen Tumbler oder in ein Longdrinkglas gießen und durchschwenken. Zu zwei Dritteln mit Traubensaft und zu einem Drittel mit Bitter Lemon auffüllen. Abwechselnd weiße und rote Trauben auf einen Cocktailspieß stecken. Mit dem Spieß und Zitronenscheibe dekorieren.

Tiger-Lilly
Le Doux Jardin

Blue Dream

DIPLOMAT

3 cl Weinbrand
8 cl naturtrüber Apfelsaft
6 cl Orangensaft
Cocktailkirsche
Kumquat
Minzblätter

Weinbrand und Säfte im Shaker schütteln und in ein Longdrinkglas geben. Mit den Früchten und Minze dekorieren.

Caribbean Cherry

COCTEAU COCKTAIL

2 cl Cherry Brandy
2 cl Weinbrand
2 cl Orangensaft
Kirsche

Likör, Weinbrand und Saft im Cocktailglas auf Eis servieren. Mit Kirsche garnieren.

GREEN DREAM

2 cl Weinbrand
3 cl Cream-Likör
2 cl Curaçao blue
Sternfruchtscheibe
Cocktailkirsche

Weinbrand, Likör und Curaçao im Shaker mixen und in Cocktailschale servieren. Mit Sternfrucht und Kirsche dekorieren.

Diplomat

CARIBBEAN CHERRY

2 cl Edelkirsch Cream
2 cl Weinbrand
6 cl Sauerkirsch-Nektar
6 cl Ananassaft
Sternfruchtscheibe
Erdbeere

Likör, Weinbrand und Säfte im Shaker mixen und in ein Longdrinkglas geben. Mit Sternfrucht und Erdbeere dekorieren.

B AND B

2 cl Brandy
2 cl Bénédictine

Brandy und Likör im Mixglas auf Eis verrühren und in ein Likörglas oder einen Cognacschwenker abseihen. Oder auf Eis im Tumbler servieren.

B AND P

3 cl Weinbrand
3 cl Portwein
Minzblätter

Weinbrand und Portwein in ein Südwein-Glas oder einen Cognac-Schwenker geben. Sie können den B and P auch auf Eis im Tumbler servieren. Mit Minzblättern dekorieren.

NOTBREMSE

2 cl Weinbrand
2 cl Zitronensaft
3 cl Orangensaft
1 TL Zucker
Cola
Zitronenscheibe

Weinbrand, Säfte und Zucker im Longdrinkglas verrühren, Eiswürfel dazugeben und mit Cola auffüllen. Mit Zitronenscheibe dekorieren.

B and P

Chérie

BRANDY ALEXANDER

3 cl Brandy
3 cl Crème de Cacao braun
3 cl süße Sahne
Muskat

Brandy, Crème de Cacao und Sahne auf Eis im Shaker mixen, in ein Cocktailglas abseihen und mit Muskat bestreuen.

CHÉRIE

2 cl Weinbrand
2 cl Erdbeer-Sirup
3 cl Ananassaft
Sternfruchtscheibe
Erdbeere

Weinbrand, Sirup und Saft im Shaker mixen und in Cocktailschale geben. Mit Sternfrucht und Erdbeere dekorieren.

MIXEN MIT GIN

SINGAPORE SLING

6 cl Gin
2 cl Cherry Brandy
1 TL Zuckersirup
1 Spritzer Grenadine
Saft einer halben Zitrone
Sodawasser
1/2 Zitronenscheibe
Cocktailkirschen

Zutaten in einem Rührglas mixen, durch einen Strainer in einen Tumbler geben, mit Sodawasser auffüllen. Zitronenscheibe und Cocktailkirschen hinzufügen.

FIFTY-FIFTY

3 cl Dry Gin
3 cl Vermouth Dry

Gin und Vermouth im Mixglas auf Eiswürfeln gut verrühren und durch einen Strainer in ein Cocktailglas geben.

FRENCH COCKTAIL

3 cl Gin
2 cl Pernod
1 Spritzer Grenadine

Alle Zutaten über Eis in einen Shaker geben, kurz schütteln und in ein Cocktailglas seihen.

PINK GIN

5 cl Gin
Angostura

Gekühltes Cocktailglas mit wenig Angostura ausschwenken und den eisgekühlten Gin hineingeben.

TOM COLLINS

4 cl Gin
1 TL Zuckersirup
etwas Zitronensaft
Sodawasser
Zitronenscheibe

Gin, Zuckersirup und Zitronensaft in ein Longdrinkglas auf Eiswürfel geben, umrühren und mit kaltem Sodawasser auffüllen. Halbe Zitronenscheibe in das Glas geben oder auf den Rand stecken.

SURFER

3 cl Curaçao blue
2 cl Gin
2 cl Zitronensaft
3 Spritzer Bitter Orange

Zutaten auf Eis in ein Longdrinkglas geben und mit Tonic Water auffüllen.

FIREBALL

3 cl Orangenlikör
2 cl Gin
Tonic Water

Zutaten auf Eis in ein Longdrinkglas geben und mit Tonic Water auffüllen.

CLARIDGE

2 cl Vermouth Dry
2 cl Gin
1 cl Apricot Brandy
1 Spritzer Orange Bitter

Zutaten in einem Mixglas mit Eis verrühren und in ein gekühltes Cocktailglas füllen.

CASINO

4 cl Dry Gin
2 cl Cointreau
1 cl Zitronensaft
1 Spritzer Angostura Bitter
Cocktailkirsche

Zutaten im Shaker auf Eis gut schütteln und durch einen Strainer in ein Cocktailglas abseihen. Kirsche hineingeben.

GIN MANHATTAN

4 cl Dry Gin
2 cl Vermouth Rosso
1 Spritzer Angostura
Cocktailkirsche

Gin, Vermouth und Angostura im Mixglas auf Eis verrühren, in ein Cocktailglas gießen und Kirsche hineingeben.

Singapore Sling • Tom Collins
Casino • Gin Manhattan
Fifty-Fifty

PEACH PALOMA

4 cl Pfirsichlikör
2 cl Gin
Tonic Water
1 kleiner Zweig Minze

Peach Paloma

Pfirsichlikör und Gin in einem Becherglas verrühren. Mit eiskaltem Tonic Water auffüllen und einem kleinen Minzezweig dekorieren.

WHITE LADY

3 cl Gin
3 cl Cointreau
3 cl Zitronensaft
1 TL Eiweiß

Shaker zur Hälfte mit zerkleinerten Eisstücken füllen, mit den Zutaten gut durchschütteln und durch einen Strainer in ein Cocktailglas gießen.

GREEN MORNING

4 cl Dry Gin
2 cl Curaçao blue
2 cl Grapefruitsaft
2 cl Orangensaft
2 cl Ananassaft

Zutaten im Shaker schütteln und in ein Longdrinkglas abseihen. Mit Ananas und Cocktailkirsche garnieren.

White Lady
Green Morning

PARTY-LÖWEN-COCKTAIL

1/3 Gin
1/3 Cassis
1/3 Pernod
Eiswürfel aus Johannisbeersaft

Alle Zutaten mit den Eiswürfeln im Shaker mixen und in gekühlte Sektkelche geben.

JOKER III

6 cl Dry Gin
2 cl Zitronensaft
1 cl Apricot Brandy

Alle Zutaten auf Eis im Shaker mixen, in ein Longdrinkglas geben und mit einer Cocktailkirsche servieren.

PINK BABY

2 cl Dry Gin
1 TL Eiweiß
1 TL Zitronensaft
1 TL Grenadine

Zutaten im Shaker gut schütteln und in ein Ballonglas abseihen.

BLUE DREAM

2 cl Dry Gin
2 cl Curaçao blue
1 cl Zitronensaft

Alles gut durchschütteln und in einem Cocktailglas servieren.

Pink Baby
Joker III
Blue Dream

ANGEL FACE

1/3 Gin
1/3 Apricot Brandy
1/3 Calvados

Zutaten im Shaker mit drei bis vier Eiswürfeln schütteln und in ein Cocktailglas abseihen.

TROPICAL RED

3 cl Orangenlikör
2 cl Gin
4 cl Grapefruitsaft
6 cl Orangensaft

Alle Zutaten im Shaker schütteln und auf Eis im Longdrinkglas servieren.

GIN FIZZ

5 cl Dry Gin
3 cl Zitronensaft
1 cl Zuckersirup
Sodawasser

Gin, Saft und Sirup in den zur Hälfte mit klein gehacktem Eis gefüllten Shaker geben, kräftig schütteln, in ein Longdrinkglas abseihen und mit Sodawasser auffüllen.

FROZEN CARUSO COCKTAIL

2 cl Crème de Menthe
2 cl Gin

Mit gestoßenem Eis im Cocktailglas servieren.

Tropical Red

Frozen Caruso Cocktail

GIMLET

4 cl Dry Gin
2 cl Lime Juice
1 TL Zuckersirup

Zutaten in ein bis zur Hälfte mit Eisstücken gefülltes Rührglas geben, gut umrühren und durch einen Strainer in einen Tumbler geben. Je nach Geschmack mit Sodawasser auffüllen.

MARTINI DRY

5 cl Gin
1 cl Vermouth Dry
1 Olive

Eisstücke in ein Mixglas geben, Gin und Vermouth hinzufügen, umrühren und in ein Cocktailglas abseihen. Eine Olive mit Kern hinzugeben.

Gimlet • Martini Dry

Rickey • Gin Salty Dog

RICKEY

3 cl Dry Gin
1 cl Zitronensaft
1 TL Zuckersirup
Sodawasser
Limonenscheibe

Gin, Saft und Sirup in ein Cocktailglas auf Eisstücke geben und mit Sodawasser auffüllen. Limonenscheibe auf den Glasrand stecken.

GIN SALTY DOG

3 cl Dry Gin
6 cl Grapefruitsaft
1 Prise Salz

Den Gin über drei bis vier Eisstücke in ein Cocktailglas gießen. Den Grapefruitsaft und eine Prise Salz hinzufügen.

BRONX

4 cl Gin
2 cl Vermouth Bianco
2 cl Vermouth Rosso
2 cl Orangensaft
Orangenscheibe

Zutaten auf Eis im Shaker mixen, in gekühltes Cocktailglas abseihen und mit Orangenscheibe dekorieren.

ROLLS ROYCE

4 cl Vermouth Dry
2 cl Vermouth Rosso
2 cl Gin
1 Spritzer Bénédictine

Zutaten auf viel Eis im Mixglas verrühren und in einer gekühlten Cocktailschale servieren.

VIVA ESPAÑA

4 cl Gin
1 cl Sherry
2 Spritzer Pernod
Zitronenschale

Gin und Sherry im Rührglas mit Eis gut verrühren. Ein Cocktailglas mit 2 Spritzern Pernod ausschwenken, die Mischung hineinseihen und über dem fertigen Drink ein Stück Zitronenschale ausdrücken. Zitronenschale ins Glas geben.

BANANA BOAT

3 cl Crème de Bananes
2 cl Gin
1 Spritzer Grenadine

Zutaten über Eiswürfel in ein Longdrinkglas geben und mit Orangensaft auffüllen.

GIN TONIC

4 cl Gin
Tonic Water
Zitronenscheibe

Eisstücke in ein Longdrinkglas geben, Gin hinzufügen, mit Tonic Water auffüllen und Zitronenscheibe auf den Glasrand stecken.

DELICIOUS SOUR

3 cl Cherry Brandy
2 cl Gin
2 cl Zitronensaft

Alle Zutaten im Shaker mit Eis gut durchschütteln und in einem kleinen Tumbler servieren.

YELLOW STAR

2 cl Pernod
2 cl Crème de Bananes
2 cl Gin
1 cl Maracujasirup
8 cl Orangensaft
Bananenstückchen
Cocktailkirschen

Die Zutaten mit Eiswürfeln im Shaker gut schütteln und in ein Longdrinkglas abseihen. Einen Fruchtspieß aus Bananenstückchen und Cocktailkirschen über den Glasrand legen.

Banana Boat

Delicious Sour

PINK LADY

4 cl Gin
2 cl Calvados
1 cl Grenadine
1 Eiweiß
1 cl Zitronensaft

Alle Zutaten über Eis in den Shaker geben, gut schütteln und in eine Cocktailschale oder ein Stielglas abseihen.

COSTA DEL SOL

4 cl weißer Rum
2 cl Vermouth Rosso
1 TL Zuckersirup
Saft 1/2 Zitrone
Sodawasser
Zitronenscheibe

Rum, Vermouth, Sirup und Zitronensaft in ein Longdrinkglas auf vier bis fünf Eiswürfel geben und mit Sodawasser auffüllen. Mit Zitronenscheibe dekorieren.

GOLDEN RUM SHAKE

Für 2 Gläser

6 cl brauner Rum
2 cl Grenadine
Grapefruitsaft
Cocktailkirschen
Grapefruitscheiben

Rum und Sirup im Shaker über Eis mixen und Drink in zwei Longdrinkgläser verteilen. Mit gut gekühltem Grapefruitsaft auffüllen. Zur Dekoration Grapefruitscheibe und Kirsche auf Spieß über den Glasrand legen.

RUM TONIC

4 cl weißer, brauner oder Jamaica Rum
Tonic Water
1/2 Zitronenscheibe

Rum mit Eiswürfeln ins Longdrinkglas gießen, eine halbe Zitronenscheibe hineingeben und mit Tonic Water auffüllen.

KONFETTI

3 cl Drambuie
3 cl weißer Rum
3 cl Grapefruitsaft
Zitronenlimonade

Drambuie, Rum und Saft im Shaker auf Eiswürfeln schütteln und in ein Longdrinkglas abseihen. Mit Zitronenlimonade auffüllen.

Golden Rum Shake

KIWI COLADA

Für 4 Gläser

4-5 Kiwis
1 Zitrone
2 TL Puderzucker
1/8 l Kokosmilch
1/8 l weißer Rum
4 Kiwischeiben

Kiwis und die Zitrone schälen, in Würfel schneiden und pürieren. Mit dem Puderzucker, der Kokosmilch und dem Rum vermischen und in vier Cocktailgläser auf zerstoßenes Eis gießen. Mit Kiwischeiben garnieren und sofort servieren.

ORANGE DAIQUIRI

4 cl weißer oder brauner Rum
Saft 1/2 Orange
1 TL Zuckersirup
Orangenscheibe

Rum, Saft und Sirup im Shaker mit gestoßenem Eis gut schütteln und in ein Cocktailglas abseihen. Mit Orangenscheibe dekorieren.

RUM JULEP

4 cl brauner Rum
1 TL feiner Zucker
Sodawasser
frische Minze

Im Tumbler einige Minzblätter und den Zucker mit einem Barlöffel zerreiben, Rum und einen Schuß Sodawasser zugeben, mit gestoßenem Eis auffüllen und so lange kräftig verrühren, bis das Glas beschlagen ist. Mit frischer Minze und Trinkhalm servieren.

RUM COLLINS

4 cl weißer Rum
1 TL Zuckersirup
Saft 1/2 Zitrone
Sodawasser
Cocktailkirsche
Zitronenscheibe

Sirup, Saft und Rum auf Eiswürfel in einen Tumbler geben, mit Sodawasser auffüllen und umrühren. Dann Cocktailkirsche und Zitronenscheibe hineingeben.

Kiwi Colada

OLD SAN JUAN COCKTAIL

4 cl brauner Rum
1 cl Ananassaft
1 cl Grenadine
1 cl Limetten- oder Zitronensaft

Zutaten auf Eis im Mixglas verrühren und in ein Cocktailglas abseihen.

CARIBBEAN NIGHTMARE

2 cl brauner Rum
2 cl Kokosnusscreme
Cola

Rum und Kokosnusscreme im Shaker auf Eis schütteln und in ein Longdrinkglas abseihen. Mit Cola auffüllen.

BLACK DAISY

5 cl brauner Rum
3 cl Himbeersirup
Saft 1/2 Zitrone
Sodawasser
Himbeeren

Rum, Sirup und Zitronensaft mit Eiswürfeln im Shaker mixen, über zerstoßenes Eis in ein Longdrinkglas abseihen. Mit Sodawasser auffüllen, umrühren und einige Himbeeren hineingeben.

BLACK DAIQUIRI

4 cl brauner Rum
2 cl Zitronensaft
1-2 TL Zuckersirup
1 Spritzer Maraschinolikör
frische Minze

Zutaten über Eis im Shaker mixen und in ein Cocktailglas abseihen. Mit Minze garnieren.

Black Daiquiri • Black Daisy

SOUTHERN MAMA

5 cl weißer Rum
3 cl brauner Rum
3 cl Orangenlikör
4 cl Mango-Nektar
2 cl Maracuja-Nektar
Saft einer Orange

Zutaten im Shaker auf Eis mixen und in hohes Longdrinkglas abseihen.

BLACK COCO

4 cl weißer oder brauner Rum
2 cl Limonensaft
4 cl Kokos-Sirup
frische Minze

Rum, Saft und Sirup im Shaker auf Eis gut schütteln und in ein Longdrinkglas auf Eiswürfel abseihen. Mit frischer Minze dekorieren.

Barracuda

Jamaica Inn

BARRACUDA

4 cl weißer oder brauner Rum
2 cl Vanille-Likör
6 cl Ananassaft
3 cl Zitronen- oder Limonensaft
Ananasscheibe
Kirsche

Die Zutaten auf Eiswürfel in ein kurzes Stielglas geben und umrühren. Mit Ananas, Kirsche und Trinkhalm servieren.

JAMAICA INN

2 cl Grenadine
2 TL Zucker
5 cl brauner Rum
2 cl Zitronensaft
Ananas- und Aprikosen-Nektar
Ananaswürfel
Aprikosenspalten

Rand eines Longdrink- oder großen Burgunder-Weinglases in Grenadine und dann in Zucker tauchen. Rum und Zitronensaft ins Glas gießen, zwei Eiswürfel hinzufügen und umrühren. Je zur Hälfte mit Ananas- und Aprikosen-Nektar auffüllen. Aufgespießte Ananaswürfel und Aprikosenspalten über den Glasrand legen.

PLANTER'S PUNCH

- *4 cl Jamaica Rum*
- *2 cl weißer Rum*
- *2 cl Zitronensaft*
- *4 cl Ananassaft*
- *6 cl Orangensaft*
- *1 cl Grenadine*
- *Orangenscheibe*
- *Zitronenmelisse*

Rum, Säfte und Grenadine auf Eiswürfel in ein Longdrinkglas gießen und gut umrühren. Mit Orangenscheibe und Zitronenmelisse garnieren.

Planter's Punch

DREAM FOR TWO

Für 2 Gläser

- *1 große Ananas*
- *1/2 Dose Cola*
- *2 TL Zitronensaft*
- *8 cl brauner Rum*
- *Minzezweige*

Von der Unterseite der Ananas einen schmalen Streifen abschneiden, damit sie sicher auf einem Teller steht. Oben so weit abschneiden, daß man die Frucht aushöhlen kann. Fruchtfleisch auspressen, den Saft in die Höhlung gießen und mit der Cola vorsichtig auffüllen. Zitronensaft und Rum dazugießen, umrühren und drei bis fünf Eiswürfel hineingeben. Minze über den Rand hängen und mit Trinkhalmen servieren.

GREEN BANANA

- *3 cl Grüne Banane Likör*
- *2 cl weißer Rum*
- *8 cl Ananassaft*
- *2 cl Kokosnusslikör*

Zutaten im Shaker gut schütteln und auf Eis in ein Ballonglas abseihen.

CUBA LIBRE

- *4 cl weißer Rum*
- *Cola*
- *Zitronenscheibe*

Den Rum auf Eiswürfel in ein Longdrinkglas geben, mit Cola auffüllen und Zitronenscheibe hineingeben.

RUM ORANGE

- *4 cl weißer, brauner oder Jamaica Rum*
- *Orangensaft*
- *Orangenscheibe*

Rum über Eiswürfel in ein Longdrinkglas gießen, mit Orangensaft auffüllen und Orangenscheibe hineingeben.

BACARDI COCKTAIL

- *4 cl weißer Rum*
- *2 cl Limetten- oder Zitronensaft*
- *1/2 TL Grenadine*
- *1/2 TL Zuckersirup*

Zutaten im Shaker über drei bis vier Eiswürfel gut schütteln und in eine Cocktailschale abseihen.

MAI TAI

- *2 cl weißer Rum*
- *2 cl brauner Rum*
- *2 cl Jamaica Rum*
- *2 cl Limetten- oder Zitronensaft*
- *2 cl Mandelsirup*
- *1 Limetten-Viertel*
- *frische Minze*
- *Cocktailkirsche*

Mai Tai

Rum, Saft und Sirup im Shaker auf Eis kräftig schütteln, in ein Longdrinkglas auf zerstoßenes Eis gießen und Limettenviertel hineingeben. Mit Minze und Kirsche garnieren.

CARIBBEAN NIGHT

3 cl brauner Rum
1 cl Zitronensaft
3 cl Orangensaft
4 cl Ananassaft
1 cl Zuckersirup
Cocktailkirsche
Orangenscheibe

Zutaten im Shaker auf Eis gut schütteln und in ein Longdrinkglas auf Eiswürfel abseihen. Mit Kirsche und Orangenscheibe dekorieren.

RUM CRUSTA

4 cl weißer Rum
1 TL Curaçao Triple Sec
1 cl Zitronensaft
1 cl Ananassaft
Zitronenspirale
Für Zuckerrand:
Zitronensaft und Zucker

Den Rand eines Cocktailglases in Zitronensaft und dann in Zucker tauchen. Zutaten im Shaker mit gestoßenem Eis kurz und kräftig schütteln, in das vorbereitete Cocktailglas abseihen und Zitronenspirale hineinhängen.

GRASSHOPPER

3 cl weißer Rum
3 cl Crème de Menthe grün
3 cl Sahne

Zutaten im Shaker auf Eis mixen und in Cocktailschale abseihen.

Rum Crusta

Grasshopper

Carmencita • Pineapple Daiquiri

DAIQUIRI

5 cl weißer Rum
3 cl Zitronensaft
2 cl Zuckersirup
Zitronenscheibe
Zitronenmelisse

Rum, Zitronensaft und Sirup im Shaker mit viel Eis kräftig mixen und in ein Cocktailglas abseihen. Zitronenscheibe hineingeben und mit Zitronenmelisse garnieren.

CARMENCITA

3 cl brauner Rum
2 TL Limettensaft
4 cl Kirschlikör
Ginger Ale
frische Minze

Rum, Saft und Likör mixen und auf eine Hand voll Eiswürfel in ein großes, bauchiges Glas gießen. Mit Ginger Ale auffüllen und mit Minze dekorieren.

RUM GIMLET

4 cl weißer oder brauner Rum
2 cl Lime Juice
Limonenscheibe

Rum und Saft im Mixglas auf Eiswürfel verrühren und in Cocktailglas abseihen. Limonenscheibe hineingeben.

PINEAPPLE DAIQUIRI

4 cl weißer oder brauner Rum
1 Scheibe Ananas
Saft 1/2 Zitrone
1 TL Zuckersirup
Ananasscheibe

Ananasscheibe, Rum, Zitronensaft und eine halbe Tasse gestoßenes Eis kurz in einen Elektromixer geben und den Drink im Cocktailglas servieren. Mit Ananasscheibe dekorieren.

Tipp: Sie können den Drink variieren, indem Sie statt der Ananasscheibe einen halben Pfirsich, fünf Erdbeeren oder das Drittel einer zerdrückten Banane in den Mixer geben.

Carmencita

SOMBRERO COOLER

4 cl weißer oder brauner Rum
6 cl Ananassaft (ungesüßt)
6 cl Grapefruitsaft
Orangen- oder Zitronenscheibe

Zutaten auf Eiswürfel in ein Longdrinkglas geben, umrühren und mit Orangen- oder Zitronenscheibe dekorieren.

Sombrero Cooler

Piña Colada

Zombie

PIÑA COLADA

4 cl weißer Rum
4 cl Ananassaft (ungesüßt)
4 cl Kokossirup
2 cl Sahne
Ananasscheibe

Flüssige Zutaten im Shaker mit gestoßenem Eis gut schütteln und in ein Longdrinkglas auf Eiswürfel abseihen. Mit Ananasscheibe dekorieren.

Tipp: Besonders dekorativ ist der Drink, wenn Sie ihn in einer ausgehöhlten Ananas servieren.

ZOMBIE

4 cl weißer Rum
4 cl brauner Rum
1 cl Apricot Brandy
1 cl Grenadine
2 cl Ananassaft
2 cl Zitronen- oder Limettensaft
Cocktailkirsche
frische Minze

Zutaten mit viel gestoßenem Eis im Shaker schütteln und in ein Longdrinkglas auf Eiswürfel abseihen. Mit Kirsche und Minze dekorieren.

BON ACCORD

2 cl Drambuie
4 cl Scotch Whisky
2 cl Aprikosenschnaps
1 Spritzer Orangenbitter
1 Spritzer Zitronenlimonade
Cocktailkirsche
Orangenscheibe
Zitronenscheibe

Zutaten im Mixglas gut verrühren und auf Eiswürfel in ein Longdrinkglas geben. Mit Kirsche, Orangen- und Zitronenscheibe dekorieren.

MINT JULEP

5 cl Scotch Whisky
1 TL Zucker
1 TL Wasser
frische Minzeblätter

Minzeblätter mit Zucker und Wasser in einem kleinen Glas verrühren, bis der Zucker gelöst ist. Eissplitter hinzugeben, Whisky dazugießen und einige Minuten abgedeckt ins Eisfach stellen. Einen Tumbler oder ein Stielglas zur Hälfte mit zerstoßenem Eis füllen und Drink darüber gießen. Mit Minzeblättern und Zitronenscheibe garnieren.

WHISKY SOUR

4 cl Whisky
2 cl Zitronensaft
1 cl Zuckersirup
Zitronenscheibe
Cocktailkirsche

Whisky, Saft und Sirup im Shaker mit Eis schütteln, in einen Tumbler abseihen, mit Zitronenscheibe und Kirsche garnieren.

YELLOW SUBMARINE

4 cl Scotch Whisky
2 cl Drambuie
2 cl Lime Juice
Ginger Ale
Zitronenschale
Zitronenscheibe
Cocktailkirsche
Minzblatt

Whisky, Drambuie und Saft auf gestoßenes Eis oder Eiswürfel ins Glas geben, umrühren, mit Ginger Ale auffüllen und Zitronenschale hineingeben. Spieß mit Zitronenscheibe, Cocktailkirsche und Minzblatt auf das Glas legen.

Mint Julep

IRISH CRUSTA

5 cl Irish Whiskey
1 cl Zitronensaft
1/2 TL Zuckersirup
2 Spritzer Angostura Bitter
2 EL Zucker
Zitronenscheibe

Zitronenscheibe einschneiden und mit den Schnittflächen über den Rand eines Ballon- oder Cocktailglases ziehen. Den Glasrand in Zucker tauchen. Whiskey, Sirup, Saft und Angostura mit viel Eis im Shaker kräftig mixen, bis die Außenwände beschlagen sind. In das Glas abseihen und mit Trinkhalm servieren.

DERBY FIZZ

2-3 cl Scotch Whisky
3 Spritzer Curaçao
2 TL Zucker
1 Ei
Sodawasser

Die Zutaten (ohne Sodawasser) im Shaker kräftig schütteln, in ein Cocktailglas gießen und mit Sodawasser auffüllen.

Irish Crusta

SCOTCH FIX

2 cl Scotch Whisky
1 cl Zitronensaft
1-2 TL Puderzucker
1 TL Lime Juice
Zitronenscheibe

Zitronensaft mit dem Zucker verrühren, bis sich der Zucker aufgelöst hat. Whisky und Lime Juice dazugeben und in einen bis zur Hälfte mit Eisstücken gefüllten Tumbler abseihen. Zitronenscheibe auf den Glasrand stecken.

Tipp: Statt des Zuckers können Sie auch Blütenhonig oder Fruchtsirup verwenden.

RACING CUP

5 cl Scotch Whisky
Ginger Ale
0,5 cl Crème de Menthe
Zitronenspirale
frische Minzblätter

Whisky in ein Longdrinkglas auf Eis gießen und mit Ginger Ale auffüllen. Crème de Menthe darüber geben. Mit Zitronenspirale und Minze dekorieren.

Scotch Fix
Old Fashioned Cocktail

MANHATTAN DRY

3 cl Canadian Whisky
2 cl Vermouth Dry
1 Spritzer Angostura
Olive
Zitronenschale

Zutaten im Mixglas mit Eis kräftig verrühren, in ein Martini- oder Cocktailglas gießen, Zitronenschale hineingeben und zur Dekoration eine Olive aufspießen.

OLD FASHIONED COCKTAIL

4 cl Bourbon
1 TL Zuckersirup
4 Spritzer Angostura Bitter
1 Spritzer Zitronensaft
Orangenscheibe
Cocktailkirsche

Alle Zutaten auf Eis in einen Tumbler geben und umrühren. Mit zwei aufgespießten Kirschen und einer Orangenscheibe servieren.

Tipp: Je nach Geschmack kann man den „Old Fashioned" mit Soda oder Wasser auffüllen.

WHISPER

2 cl Scotch Whisky
2 cl Vermouth Dry
2 cl Vermouth Bianco
2 Kirschen

Whisky und Vermouth auf Eiswürfel in ein Martiniglas gießen, umrühren und die Kirschen hineingeben.

AFTER-DINNER-DRINK

3 cl Irish Whiskey
3 cl Mandellikör
5 cl Sahne
geriebene Muskatnuss

Whiskey, Likör, Sahne und viel Eis im Shaker kräftig schütteln, bis die Außenwand völlig beschlagen ist. In ein großes Cocktailglas oder ein Ballonglas abseihen und mit Muskatnuss überstäuben.

ROB ROY

2 cl Bourbon
2 cl Vermouth Dry
1 TL Curaçao
3 Spritzer Angostura Bitter
Kirschenpaar
Zitronenmelisse

Alle Zutaten im Mixglas kräftig rühren, in ein vorgekühltes Cocktailglas abseihen und mit Kirschen und Melisse garnieren.

MANHATTAN SWEET

4 cl Canadian Whisky
1,5 cl Vermouth Rosso
1,5 cl Vermouth Bianco
1 Spritzer Angostura
1 Maraschinokirsche

Alle Zutaten im Mixglas mit Eis verrühren und in einem gekühlten Cocktailglas servieren. Mit Kirsche garnieren.

Rob Roy

COLONEL COLLINS

5 cl Bourbon
3 cl Zitronensaft
2 cl Zuckersirup
Sodawasser
Zitronenscheibe
Cocktailkirsche

Bourbon, Saft und Sirup mit Eiswürfeln im Shaker gut schütteln und in ein Longdrinkglas auf einige Eiswürfel abseihen. Mit etwas Sodawasser auffüllen. Mit Zitronenscheibe und Kirsche garnieren.

RUSTY NAIL

3 cl Scotch Whisky
3 cl Drambuie
Zitronenschale

Whisky und Drambuie mit viel Eis im Tumbler verrühren. Zitronenschale hineingeben.

Tipp: Sie können das Mischungsverhältnis ganz nach Ihrem Geschmack variieren. Nehmen Sie mehr Whisky als Drambuie, wenn der Drink trockener sein soll.

HIGHBALL

6 cl Bourbon
Ginger Ale
Zitronenschale

Eiswürfel und Bourbon in ein Longdringlas geben. Mit Ginger Ale auffüllen und eine dünne Zitronenschale in das Glas hängen.

DOUBLE APPLE

2 cl Scotch Whisky
2 cl Calvados
4 Spritzer Zitronensaft
2 TL Zucker
Prise Zimt

Zutaten im Mixglas auf zerstoßenem Eis verrühren und in ein Longdrinkglas abseihen.

HURRICANE

1,5 cl Bourbon
1,5 cl Pfefferminzlikör
1,5 cl Gin
Kirsche

Alle Zutaten in einem Mixglas etwa 20 Sekunden rühren, in ein Cocktailglas abseihen und mit Kirsche garnieren.

Highball • Hurricane

Double Apple • Tonic Oho

TONIC OHO

1,5 cl Scotch Whisky
1 cl Zitruslikör
Orangen- und Ananasstücke
Tonic Water

Whisky und Zitruslikör auf Eis gut vermischen und in einen Tumbler abseihen. Fruchtstücke zugeben und mit Tonic Water auffüllen.

WHISKY ROLLER

2 cl Orangenlikör
2 cl Whisky
0,2 l Zitronensaft
Zitronenscheibe

Zutaten über Eiswürfel in ein Longdrinkglas gießen, verrühren und mit Zitronenscheibe dekorieren.

WHY-KIKI

2 cl Whisky
2 cl Cherry Brandy
2 cl Vermouth Rosso
2 cl Orangensaft

Alle Zutaten im Shaker auf Eis gut schütteln und in einen Tumbler auf Eiswürfel abseihen.

AULD ALLIANCE

2 cl Scotch Whisky
2 cl Vermouth Dry
1 cl Drambuie
1 Spritzer Pfefferminzlikör
frische Minze

Whisky, Vermouth und Drambuie in einen Tumbler mit drei Eiswürfeln verrühren und den Pfefferminzlikör hinzugeben. Mit frischer Minze dekorieren.

Whisky Roller

FLUSH

4 cl Bourbon
3 cl Grüne-Banane-Likör
Mineralwasser
Orangenschale
Kiwischeibe
Kirsche

Zutaten im Shaker auf Eis schütteln, in ein Longdrinkglas abseihen und mit eisgekühltem Mineralwasser auffüllen. Mit Orangenschale, Kiwischeibe und Kirsche dekorieren.

MIAMI SUNSET

4 cl Scotch Whisky
4 cl Mangosaft
4 cl Orangensaft
1 cl Cointreau
1 cl Grenadine
1 Kirsche
Orangenschale

Zutaten im Mixglas auf Eis verrühren, in ein Longdrinkglas abseihen und mit Orangenschale und Kirsche dekorieren.

MOUNTAIN SKIER

2 cl Drambuie
2 cl Scotch Whisky
1 Spritzer Angostura
1 Eiweiß
1 Stengel Minze
Zitronenscheibe

Zutaten über Eis im Shaker schütteln und in ein Longdrinkglas gießen. Mit Minze und Zitronenscheibe dekorieren.

HIGHLAND SPECIAL

3 cl Scotch Whisky
2 cl Vermouth Dry
1 cl Orangensaft
Muskatnuss
1/2 Orangenscheibe

Whisky, Vermouth und Orangensaft auf Eiswürfeln im Shaker schütteln, in ein Sekt- oder Cocktailglas abseihen, etwas Muskatnuss hinzufügen und mit Orangenscheibe dekorieren.

Temptation

Flush

TEMPTATION

- *2 cl Eierlikör*
- *2 cl Scotch Whisky*
- *1 cl Williams-Birnengeist*
- *Borkenschokolade*

Likör, Whisky und Birnengeist im Shaker gut mixen, in eine Cocktailschale abseihen und mit Borkenschokolade bestreuen.

AMOR

- *1 cl Blackberry Brandy*
- *1 cl Scotch Whisky*
- *1 cl Weinbrand*
- *Sekt*
- *1/2 Orangenscheibe*
- *1/2 Zitronenscheibe*

Brandy, Whisky und Weinbrand im Shaker schütteln, in eine Cocktailschale abseihen und mit Sekt auffüllen. Halbe Orangen- und Zitronenscheibe auf den Glasrand stecken.

WHISKY FLIP

- *5 cl Whisky*
- *1 cl Zuckersirup*
- *2 cl Sahne*
- *1 Eigelb*
- *geriebene Muskatnuss*

Die Zutaten mit Eiswürfeln im Shaker kurz und kräftig schütteln und in ein Longdrinkglas abseihen. Mit etwas Muskat bestreuen.

Amor

Bourbon Sour

BOURBON SOUR

- *6 cl Bourbon*
- *1 cl Cognac*
- *1 cl Curaçao*
- *2 cl Zitronensaft*
- *1 Spritzer Angostura Bitter*
- *Zitronenmelisse*

Zutaten über zerkleinertem Eis im Shaker mixen und in ein vorgekühltes Sektglas abseihen. Mit Zitronenmelisse dekorieren.

CHI-CHI

5 cl Wodka
2,5 cl Kokosnusscreme
8 cl Ananassaft
Ananasscheibe
Cocktailkirsche

Zutaten im Shaker auf Eis gut mixen und in ein Cocktailglas auf gestoßenes Eis gießen. Mit Ananasscheibe und Kirsche garnieren.

SANDY BEACH

2 cl Wodka
2 cl Crème de Cacao weiß
2 cl Milch

Zutaten mit viel Eis im Shaker mixen und in ein Cocktailglas auf Eis abseihen.

SCREW-DRIVER

4 cl Wodka
16 cl Orangensaft
Orangenscheibe

Den Wodka in einen Tumbler auf Eisstücke geben und mit Orangensaft auffüllen. Mit Orangenscheibe dekorieren.

BARBARA COCKTAIL

2 cl Crème de Cacao braun
2 cl Wodka
2 cl frische Sahne

Zutaten im Shaker auf Eiswürfel kräftig schütteln und in ein Cocktailglas abseihen.

SOMMER-WIND

2 cl Pfefferminztee
1 cl Wodka
1 cl Zuckersirup
Saft 1/2 Zitrone
Mineral- oder Heilwasser mit Kohlensäure
Zitronenscheibe
Für den Zuckerrand:
Zitronensaft und Zucker

Rand einer Cocktailschale in Zitronensaft und dann in Zucker tauchen. Tee, Wodka, Sirup und Saft im Shaker mixen und in das vorbereitete Glas auf Eis abseihen. Mit Wasser auffüllen und eine Zitronenscheibe hineingeben.

Sommerwind

VULCANO

2 cl Vermouth Bianco
6 cl Wodka
Orangensaft
Orangenscheibe

Vermouth und Wodka in Tumbler auf Eiswürfel geben, mit Orangensaft auffüllen und mit Orangenscheibe dekorieren.

BULL SHOT

5 cl Wodka
10 cl Consommé
Salz
Pfeffer
Zitronensaft

Den Wodka und die Fleischbrühe in einem Longdringlas mit Eis verrühren, einen Spritzer Zitronensaft und eventuell Zitronenschale hinzugeben.

AZTEKEN PUNCH

2 cl Crème de Cacao braun
2 cl Wodka
4 cl Ananassaft
Orangensaft
Ananasscheibe

Zutaten über Eis in ein Longdrink- oder Stielglas geben und mit Orangensaft auffüllen. Mit Ananas garnieren.

BLUE LAGOON

4 cl Wodka
2 cl Curaçao blue
1 cl Zitronensaft
Zitronenlimonade
Zitronenscheibe

Wodka, Curaçao und Zitronensaft im Longdrinkglas auf Eiswürfeln verrühren und mit Zitronenlimonade auffüllen. Mit Zitronenscheibe dekorieren.

SEVENTY SEVEN

2 cl Wodka
1 cl Gin
1 cl Zitronensaft
Zitronenlimonade
Zitronenscheibe

Wodka, Gin und Zitronensaft im Longdrinkglas auf Eiswürfeln verrühren und mit Zitronenlimonade auffüllen. Zitronenscheibe auf den Glasrand stecken.

Azteken Punch

SANSIBAR

1 cl Wodka
2 cl Zuckersirup
1 Kiwi püriert
Saft 1/4 Zitrone
Kiwischeibe
Für Mandelrand:
Zitronensaft und
gehackte Mandeln

Rand eines Longdrinkglases in Zitronensaft und dann in gehackte Mandeln tauchen. Pürierte Kiwi, Sirup, Zitronensaft und Wodka im Shaker mixen und in das vorbereitete Glas auf Eiswürfel geben. Mit Kiwischeibe dekorieren.

MOSCOW MULE

4 cl Wodka
1 Spritzer Limonensaft
Ginger Ale
Limonenscheibe

Eisgekühlten Wodka auf Eiswürfel in einen großen Tumbler oder ein Longdrinkglas geben, mit Limonensaft abspritzen und mit Ginger Ale auffüllen. Mit Limonenscheibe dekorieren.

Sansibar

The Waikiki

THE WAIKIKI

4 cl Wodka
12 cl Ananassaft
Ananasscheibe

Eisgekühlten Wodka auf Eiswürfel in ein Longdrinkglas geben und mit Ananassaft auffüllen. Mit Ananasstück dekorieren.

Don Gregory

DON GREGORY

4 cl Wodka
12 cl Cola
Orangen- oder Zitronenscheibe

Eisgekühlten Wodka auf Eiswürfel in ein Longdrinkglas geben und mit Cola auffüllen. Mit Orangen- oder Zitronenscheibe dekorieren.

VÄTERCHEN ALJOSCHA

1,5 cl Crème de Cacao
1,5 cl Wodka
1,5 cl frische Sahne
Prise Kakao

Zutaten im Shaker mit Eiswürfeln schütteln, in Cocktailglas abseihen und mit einer Prise Kakao bestreuen.

WODKA GIBSON

4 cl Wodka
1 cl Vermouth Dry
2-3 Perlzwiebeln

Wodka und Vermouth im Shaker auf Eis schütteln, in ein Cocktailglas abseihen und mit Perlzwiebeln garnieren.

BLUE BOAR

3 cl Wodka
1 cl Drambuie
1 cl Curaçao blue
1 Spritzer Zitronenlimonade
1 Eiweiß

Zutaten im Shaker kräftig schütteln und in ein Cocktailglas abseihen.

BLACK RUSSIAN

4 cl Wodka
2 cl Kahlúa

Zutaten im Tumbler auf Eiswürfeln verrühren.

Tipp: Je nach persönlichem Geschmack können Sie das Verhältnis von Wodka und Kahlúa variieren. Der „Russian" muss aber keineswegs immer black sein. Mit Sahnehaube gekrönt, wird daraus ein „White Russian". Wenn Sie den Kaffeelikör durch Crème de Menthe oder Kirschlikör ersetzen, haben Sie einen grünen bzw. roten „Russian".

Black Russian

LONG AND STRONG

1 cl Drambuie
2 cl Wodka
1 cl Granatapfelsirup
1 Spritzer Limetten- oder Zitronensaft
Bitter Lemon
Limetten- oder Zitronenscheibe

Drambuie, Wodka und Sirup über Eis in einen Tumbler gießen und verrühren. Den Saft hinzugeben, mit Bitter Lemon auffüllen und mit Zitronenscheibe garnieren.

GEORGE COLLINS

2 cl Wodka
2 cl Cointreau
2 cl Zitronensaft
Bitter Lemon

Wodka, Cointreau und Saft mit zwei Eiswürfeln im Longdrinkglas verrühren und mit Bitter Lemon auffüllen.

Bloody Mary

BLOODY MARY

5 cl Wodka
1 cl Zitronensaft
10 cl Tomatensaft
Worcestershiresauce
Tabasco
Selleriesalz
Pfeffer

Alle Zutaten im Shaker auf Eis kräftig schütteln oder im Mixglas gut verrühren. Nochmals abschmecken und im Longdrinkglas servieren.

Tipp: Stellen Sie zum Umrühren eine Selleriestange in den Drink. Das ist dekorativ und praktisch zugleich.

SALTY DOG

5 cl Wodka
5 cl Grapefruitsaft
Prise Salz

Wodka und Saft im Shaker mit Eiswürfeln schütteln und mit einer Prise Salz in eine vorgekühlte Cocktailschale geben. Statt der Prise Salz im Cocktail können Sie auch den Rand des Glases mit Salzrand verzieren: Glas in den Saft tunken und dann in Salz.

Ice Land

LOS ANGELES

2 cl Wodka
2 cl Grand Marnier
3 cl Orangensaft
3 cl Ananassaft
1 Spritzer Grenadine
1 Spritzer Maracujasaft
2 cl Grapefruitsaft
2 cl Zitronensaft
Orangenscheibe
Kirsche

Die Zutaten im Shaker auf Eis gut mixen und in ein Longdrinkglas auf Eiswürfel abseihen. Mit Orangenscheibe und Kirsche garnieren.

ICE LAND

4 cl Wodka
10 cl Grapefruitsaft
Tonic Water
Grapefruitscheibe
Cocktailkirsche

Wodka und Saft im Longdrinkglas mit Eiswürfeln verrühren und mit Tonic Water auffüllen. Zur Dekoration Grapefruitscheibe mit Kirsche auf den Glasrand stecken.

VODKATINI

1 cl Wodka
6 cl Vermouth Dry
Olive

Eisgekühlten Wodka auf Eiswürfel im Mixglas mit dem Vermouth verrühren, in ein vorgekühltes Cocktailglas abseihen und eine Olive hineingeben.

Vodkatini

CHAPEAU BLANC

4 cl Grand Marnier
2 cl Cognac
halb flüssige Sahne

Grand Marnier und Cognac im Mixglas auf Eiswürfeln gut verrühren, in ein Südweinglas abseihen und leicht angeschlagene Sahne darüber geben.

BONNE CHANCE

2 cl Grand Marnier
2 cl Cognac
2 cl Zitronensaft
1 Spritzer Angostura
Sodawasser

Grand Marnier, Cognac, Saft und Angostura im Shaker auf Eiswürfeln kräftig schütteln, in ein Longdrinkglas auf Eiswürfel abseihen und mit Sodawasser abspritzen.

Rêve d'Or

EMANUELLA

3 cl Jambosala
2 cl Himbeergeist
2 cl Grenadine
2 cl Sahne
1 Eigelb
Schokostreusel

Zutaten im Shaker gut mixen und in ein Cocktailglas abseihen. Mit Schokostreuseln dekorieren.

TRAUMSCHIFF

4 cl Brombeerlikör
2 cl weißer Rum
8 cl Ananassaft
4 cl Kokosnusscreme
Ananasscheibe

Zutaten im Shaker gut mixen und in ein Longdrinkglas abseihen. Mit einer Ananasscheibe dekorieren.

Bonne Chance

SILVER BULLET

4 cl Tequila
2 cl Zitronensaft
2 cl Pfefferminzsirup
Zitronenscheibe
frische Minze

Tequila, Saft und Sirup auf Eis im Shaker gut schütteln und in ein großes Cocktailglas abseihen. Mit Zitronenscheibe und Minze dekorieren.

RÊVE D'OR

4 cl Grand Marnier
1 cl Galliano
2 cl Sahne
4 cl Orangensaft

Zutaten im Shaker auf Eiswürfeln kräftig schütteln und in eine vorgekühlte Cocktailschale abseihen.

RÊVE TROPICAL

4 cl Grand Marnier
4 cl Orangensaft
4 cl Ananassaft
Ananasscheibe
Cocktailkirsche
Minzezweig

Grand Marnier und Säfte im Shaker mit Eis kräftig schütteln und durch einen Strainer in ein Longdrinkglas auf Eiswürfel abseihen. Mit Ananasscheibe, Kirsche und Minze dekorieren.

FLAMINGO

2 cl Brombeerlikör
2 cl weißer Rum
Orangensaft
Orangenscheibe

Likör und Rum im Shaker mixen, in ein Cocktailglas abseihen und mit Orangensaft auffüllen. Mit Orangenscheibe dekorieren.

Rêve Tropical

Marninique

MARNINIQUE

2 cl Grand Marnier
3 cl weißer Rum
1 Spritzer Zitronensaft
2 cl Lime Juice
6 cl Ananassaft
2 cl Orangensaft
Ananasstück

Grand Marnier, Rum und Säfte im Shaker auf Eis kräftig schütteln, in ein Longdrinkglas auf gestoßenes Eis abseihen und ein Ananasstück hineingeben.

ANGELO

Für 2 Gläser

6 cl Campari
4 cl Ananassaft
4 cl Orangensaft
2 cl Vermouth Dry

Campari, Säfte und Vermouth im Shaker auf Eiswürfeln gut schütteln und in vorgekühlte Cocktailschalen abseihen.

CAMPARI SOUR

8 cl Campari
2 cl frischer Zitronensaft
2 cl Orangensaft
2 cl Zuckersirup
Orangenschale
Kirsche

Campari, Säfte und Sirup im Shaker auf Eis gut mixen und in ein Longdrinkglas abseihen. Orangenspirale und Kirsche aufspießen und über den Glasrand legen.

ROMEO UND JULIA

Für 2 Gläser

4 cl Campari
10 cl trockener Weißwein
2 Spritzer Zitronensaft

Campari in gekühlte, hochstielige Weißweingläser geben, mit Wein auffüllen und mit Zitronensaft abspritzen.

Angelo • Romeo und Julia

Campari Sour

AMERICANO

5 cl Vermouth Rosso
3 cl Campari
2 Orangenscheiben
Soda-, Mineral- oder Heilwasser

Vermouth und Campari im Shaker auf Eis gut schütteln und in ein Longdrinkglas geben. Mit einer Orangenscheibe über den inneren Glasrand gehen und den Drink mit dem Saft der Orangenscheibe abspritzen. Je nach Geschmack mit Wasser auffüllen.

APRICOT FIZZ

4 cl Apricot Brandy
4 cl Orangensaft
2 cl Zitronensaft
Sodawasser
Zitronenscheibe
Kirsche

Likör und Säfte im Shaker auf Eis schütteln, in ein Longdrinkglas abseihen und mit Sodawasser auffüllen. Mit Zitronenscheibe und Kirsche dekorieren.

Americano

CACAOFLIP

4 cl Crème de Cacao braun
2 cl frische Sahne
1 Eigelb
Schokoladenpulver

Likör, Sahne und Eigelb im Shaker kräftig schütteln, in ein Cocktailglas abseihen und mit Schokoladenpulver bestreuen.

CHERRY LIGHT

3 cl Kirschlikör
3 cl Schwarzer Johannisbeer-Nektar
1 cl Pulco
Limonenscheibe

Zutaten im Shaker mixen und ohne Eis in einer Cocktailschale servieren. Limonenscheibe auf den Glasrand stecken.

RED KISS

3 cl Kirschlikör
3 cl Pfirsich-Nektar
1 cl Grapefruitsaft

Likör und Säfte im Shaker schütteln und ohne Eis in einer Cocktailschale servieren.

FLYING HIGH

2 cl Crème de Bananes
3 cl Weizenkorn
2 cl Zitronensaft
Sodawasser
Orangenscheibe

Likör, Korn und Saft im Mixglas verrühren und über Eiswürfel in ein Longdrinkglas geben. Mit Sodawasser auffüllen und mit Orangenscheibe dekorieren.

SOUTHERN WHEELER

4 cl Southern Comfort
2 cl Whisky
1 cl Mandellikör
4 cl Orangensaft
2 cl Zitronensaft
frische Minze
Kirsche
Orangenscheibe
Sternfruchtscheibe

Liköre, Whisky und Säfte im Shaker auf Eiswürfeln kräftig schütteln und in ein großes Ballonglas auf gestoßenes Eis abseihen. Mit frischer Minze, Kirsche, Orangen- und Sternfruchtscheibe dekorieren.

Southern Wheeler

EXOTIC BLUE

4 cl Curaçao blue
2 cl Sahne
8 cl Ananassaft
Ananasstück
Kirsche

Curaçao, Sahne und Saft im Shaker auf Eis gut schütteln und in ein Longdrinkglas abseihen. Mit Ananasstück und Kirsche dekorieren.

GRÜNE WITWE

4 cl Curaçao blue
Orangensaft
Orangenscheibe

Curaçao auf zwei bis drei Eiswürfel in ein Longdrinkglas geben und langsam mit Orangensaft auffüllen. Orangenscheibe auf das Glas legen und in die Mitte einen Trinkhalm hineinstechen.

Grüne Witwe

GREEN SUMMER

4 cl Grüne-Banane-Likör
4 cl Ananassaft
Bitter Lemon
Sternfruchtscheibe
Kirsche

Likör und Saft in ein Longdrinkglas auf Eis geben, verrühren und mit Bitter Lemon auffüllen. Mit Sternfruchtscheibe und Kirsche dekorieren.

CARIBBEAN BLUE

2 cl Curaçao blue
3 cl Weizenkorn
1 cl Zitronensaft
Grapefruitsaft

Curaçao, Korn und Zitronensaft in ein Longdrinkglas auf Eiswürfel geben und mit Grapefruitsaft auffüllen.

CRAZY WONDER

4 cl Kiwilikör
2 cl Ananassaft
1 cl Kokosnusslikör
Kiwischeibe

Liköre und Saft im Shaker mixen und über Eiswürfel in ein Cocktailglas abseihen. Mit Kiwischeibe dekorieren.

Caribbean Blue

Green Summer

Guillaume

Normandy

GUILLAUME

3 cl Grapefruitsaft
3 cl Orangensaft
3 cl Apfelsaft
1 cl Calvados
1 Schuss Crème de Cassis

Alle Zutaten im Shaker mixen und in ein Longdrinkglas auf gestoßenes Eis geben. Mit Früchten garnieren.

ACAPULCO

2 cl Tequila
2 cl Escorial grün
2 cl Grapefruitsaft
1 cl Zitronensaft
Zitronenscheibe

Zutaten auf Eis im Shaker gut mixen, in ein Cocktailglas abseihen und mit Zitronenscheibe dekorieren.

MONDTAU

3 cl Williams-Birnengeist
4 cl Pfirsich-Nektar
3 cl Passionsfruchtlikör
Limonenscheibe
Erdbeere

Birnengeist, Nektar und Likör im Shaker auf Eis mixen und in ein Cocktailglas abseihen. Mit Limonenscheibe und Erdbeere dekorieren.

NORMANDY

2 cl Calvados
2 cl Crème de Cacao
1 EL Crème fraîche
1 Eigelb
1 TL Puderzucker

Zutaten im Shaker gut mischen und in ein Cocktailglas abseihen.

CALVADOS SOUR

4 cl Calvados
2 cl Zitronensaft
1 cl Zuckersirup
Orangenscheibe
Cocktailkirsche

Calvados, Saft und Sirup im Shaker auf Eis mixen und in einen Sektkelch abseihen. Mit Orangenscheibe und Kirsche dekorieren.

APFEL-DRINK

3 cl Calvados
1 EL Zitronensaft
1 halbe Apfelscheibe mit Schale
Soda-, Mineral- oder Heilwasser

Apfelscheibe mit Zitronensaft beträufeln und mit dem Calvados in ein hohes Glas geben. Mit gut gekühltem Wasser auffüllen.

HIGH NOON

2 cl Campari
2 cl weißer Rum
10 cl Blutorangen-Drink
Für den Zuckerrand:
Etwas Eiweiß und Zucker

Den Rand eines Longdrinkglases in Eiweiß und dann in Zucker tauchen. Campari und Rum in das Glas geben und mit eiskaltem Blutorangen-Drink auffüllen.

Apfel-Drink

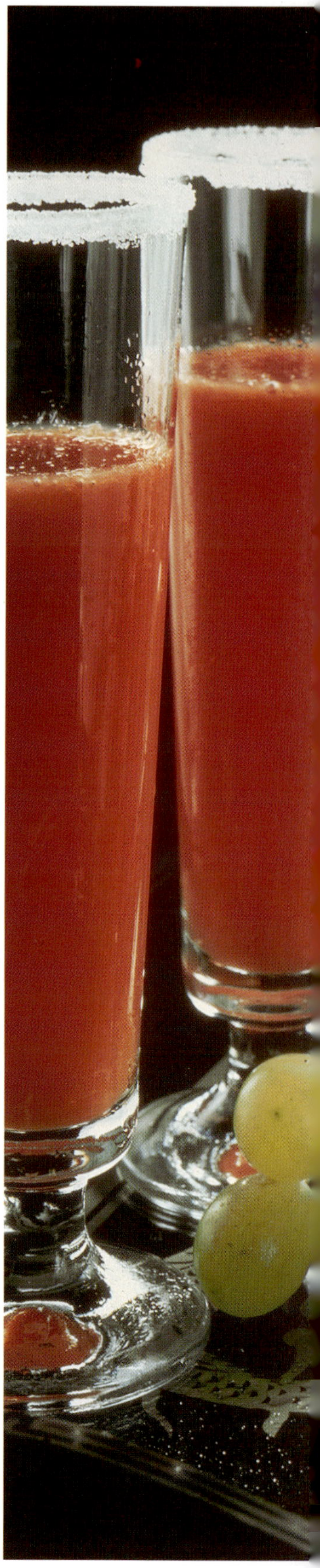

High Noon · Väterchen Frost

VÄTERCHEN FROST

2 cl Wodka
2 cl Blutorangen-Drink
Früchte zum Aufspießen
1 Eiweiß
Zucker

Früchte (Trauben, Kirschen, Orangenstücke) in Eiweiß tauchen und dann in Zucker wälzen. Wenn die Zuckerschicht gut angetrocknet ist, die Früchte aufspießen. Gut gekühlten Wodka und Blutorangen-Drink in ein vorgekühltes Glas geben und den Spieß mit den Crusta-Früchten hineinstellen. Sofort servieren.

TEQUILA SUNRISE

6 cl Tequila
10 cl Orangensaft
2 cl Grenadine
1 cl Zitrone
Orangenscheibe
Cocktailkirsche

Tequila, Zitrone und Grenadine in ein hohes Longdrinkglas auf gestoßenes Eis geben und mit Orangensaft auffüllen. Mit Orangenscheibe und Kirsche dekorieren.

Tequila Sunrise • Margarita

MARGARITA

4 cl Tequila
2 cl Triple Sec
2 cl Zitronensaft
Für den Salzrand:
Zitronensaft und Salz

Rand eines Cocktailglases in Zitronensaft und dann in Salz tauchen. Zutaten im Shaker auf Eis mixen und vorsichtig in das vorbereitete Glas gießen.

ORANGE CADILLAC

4 cl Aperol
2 cl weißer Rum
5 cl Ananassaft
5 cl Orangensaft
Ananasscheibe
Kirsche
frische Minze

Aperol, Rum und Säfte im Shaker auf Eis mixen und in ein Longdrinkglas abseihen. Mit Ananas, Kirsche und Minze dekorieren.

Orange Cadillac

TEQUILA SAUER

4 cl Tequila
2 cl Orangensaft
2 cl Zitronen- oder Limonensaft
Zitronen- und Orangenscheibe
Kirschen

Tequila Sauer

Säfte und Tequila im Shaker auf Eiswürfeln mixen und in ein Longdrinkglas abseihen. Mit Kirschen, Zitronen- und Orangenscheibe dekorieren.

LONG ISLAND ICED TEA

1 cl weißer Rum
1 cl Gin
1 cl Triple Sec
1 cl Wodka
1 cl Tequila
1 cl Zitronensaft
Cola

Alle Zutaten (ohne Cola) im Shaker auf Eis kräftig schütteln, in ein Longdrinkglas auf Eiswürfel abseihen und mit Cola auffüllen.

EL DIABOLO

5 cl Tequila
2 cl Crème de Cassis
1/2 Limone
Ginger Ale
Limonenschale

Limone über Eis in einem Longdrinkglas auspressen, Tequila und Crème de Cassis dazugeben und mit Ginger Ale auffüllen. Mit Limonenschale dekorieren.

Melonen-Cocktail

MELONEN-COCKTAIL

1/4 reife Honigmelone
1 EL Zitronensaft
6 cl Brombeerlikör
1 EL Honig
Für den Zuckerrand:
Zitronensaft und Zucker

Aus der Melone Kugeln ausstechen. Honig, Zitronensaft und Likör verrühren und über die Melonenkugeln geben. Im Kühlschrank ziehen lassen. Rand eines Cocktailglases in Zitronensaft und dann in Zucker tauchen. Melonenkugeln mit Flüssigkeit hineingeben und mit Löffel servieren.

Tropicana

TROPICANA

3 cl Brombeerlikör
2 cl Tequila
1 cl Zitronensaft
7 cl Ananassaft
Bitter Lemon
Zitronenscheibe
Für den Zuckerrand:
Zitronensaft und Zucker

Rand eines Cocktailglases in Zitronensaft und dann in Zucker tauchen. Likör, Tequila und Säfte im Shaker gut mixen, in das Glas abseihen und mit Bitter Lemon auffüllen. Zitronenscheibe auf den Glasrand stecken.

GOGGEL MOGGEL

1 Eigelb
2 cl frisch gepresster Orangensaft
2 cl Sahne
2 cl Curaçao Triple Sec
3 cl Kokosnusslikör
Schokoraspeln

Eigelb, Saft, Sahne und Liköre im Shaker mit einigen Eiswürfeln gut schütteln. In ein vorgekühltes Cocktailglas abseihen und mit Schokoraspeln bestreuen.

HAPPY INKA

5 cl Tequila
1 cl Lime Juice
1 cl Cointreau
7 cl Guavensaft
Limonenscheibe
Cocktailkirsche

Zutaten auf Eis im Shaker mixen und in ein mit viel gestoßenem Eis gefülltes Longdrinkglas abseihen. Mit Limonenscheibe und Kirsche dekorieren.

BLACK EGG

1 Eigelb
3 cl Tequila
3 cl Kahlúa
2 cl Sahne
Kaffeepulver

Eigelb, Tequila und Kahlúa im Shaker mit sechs bis sieben Eiswürfeln kräftig schütteln. In ein vorgekühltes Cocktailglas abseihen, die leicht geschlagene Sahne vorsichtig über einen Löffelrücken darübergießen und mit Kaffeepulver bestreuen.

PASSION FLAME

4 cl Tequila
4 cl Ananassaft
2 cl Angostura
1 TL Grenadine
Saft 1/2 Limone
Limonenscheibe
Cocktailkirsche

Zutaten auf Eis im Shaker schütteln und in ein Longdrinkglas auf Eiswürfel abseihen. Mit Limonenscheibe und Kirsche dekorieren.

Goggel Moggel

Black Egg

Panduren Cocktail

Lemon Egg

PANDUREN COCKTAIL

1/4 l Ananassaft
2 TL feiner Zucker
1 TL Zitronensaft
3 EL Slibowitz
3 EL Eierlikör
Kirsche
frische Minze

Alle Zutaten im Shaker kräftig schütteln und in flache Sektschalen auf fein gestoßenes Eis abseihen. Mit Kirsche und Minze dekorieren.

LEMON EGG

8 cl Eierlikör
Zitronenlimonade
Limetten- oder Zitronenscheibe
Für den Zuckerrand:
Zitronensaft und Zucker

Rand eines Longdrinkglases in Zitronensaft und dann in Zucker tauchen. Eierlikör hineingeben und mit eiskalter Zitronenlimonade auffüllen. Limetten- oder Zitronenscheibe auf den Glasrand stecken.

ZITRONEN-COCKTAIL

Für 4 Gläser

1 ungespritzte Zitrone
6 EL frisch gepresster Zitronensaft
2 Eiweiß
2 EL Zucker
8 cl Vermouth Dry
4 cl Gin
500 ml Maracujaeis
Bitter Lemon
Grober Zucker für den Zuckerrand

Die Zitrone ganz dünn schälen. Die Schale in feine Streifen und das von der weißen Haut befreite Fruchtfleisch in kleine Würfel schneiden. Den Rand der vorgekühlten Cocktailgläser in Zitronensaft und dann in Zucker tauchen. Gläser wieder kalt stellen. Eiweiß mit Zucker steif schlagen und den restlichen Zitronensaft mit den Zitronenwürfeln unterheben. Vermouth und Gin unterrühren. Maracujaeis in Kugeln oder Würfeln auf die vier Cocktailgläser verteilen und die Eiweißmasse darübergeben. Mit Bitter Lemon auffüllen und mit den Zitronenschalen-Streifen dekorieren. Mit Trinkhalm und Teelöffel servieren.

RED LADY ON ICE

Für 4 Gläser

2 Orangen
250 ml Zitroneneis
250 ml Himbeer- oder Erdbeereis
8 cl Campari
trockener Sekt

Die Orangen in Alufolie wickeln und zwei Stunden ins Gefrierfach legen. Das Zitroneneis etwas antauen lassen. Die Orangen schälen, teilen und blütenblattähnlich in vier große Cocktailgläser geben. Das Himbeer- bzw. Erdbeereis in kleinen Kugeln oder Würfeln auf die Gläser verteilen. Jeweils mit 2 cl Campari übergießen. Das Zitroneneis in einen Spritzbeutel geben und als Spirale in die Gläser spritzen. Mit Löffel und Trinkhalm servieren und erst dann mit Sekt auffüllen.

BITTER EGG

5 cl Eierlikör
2 cl Gin
15 cl Bitter Lemon
Zitronenscheibe

Likör, Gin und Bitter Lemon im Shaker kräftig schütteln, in einen Tumbler abseihen und Zitronenstück auf den Glasrand stecken.

Sherry-Nuss-Flip • Himbeer-Campari-Drink • Zitronen-Cocktail • Red Lady on Ice

LATIN LOVER

2 cl Tequila
2 cl Zuckerrohrschnaps
1 cl Limettensirup
2 cl Ananassirup
1 cl Zitronensaft
Limonenscheibe

Zutaten auf Eis im Shaker kräftig schütteln und in ein Longdrinkglas auf gestoßenes Eis abseihen. Limonenscheibe auf den Glasrand stecken.

ORANGEN TROPIC

2 cl frisch gepresster Orangensaft
1 cl frisch gepresster Zitronensaft
2 cl brauner Rum
1 TL Grenadine
1 TL Maraschino
1/2 Orangenscheibe
Kirsche

Säfte, Rum, Sirup und Likör im Shaker mit Eiswürfeln mixen und in ein Cocktailglas abseihen. Spieß mit Orangenscheibe und Kirsche über den Glasrand legen.

SHERRY-NUSS-FLIP

Für 4 Gläser

2 Eigelb
20 g Zucker
10 cl Sherry medium
500 ml Nusseis
100 g Weintrauben

Eigelb mit Zucker solange schaumig rühren, bis sich der Zucker gelöst hat. Langsam den Sherry einlaufen lassen und dabei weiterrühren. In vier vorgekühlte Kelchgläser verteilen und mit Sekt auffüllen. Nusseis in Kugeln oder Würfeln dazugeben und mit Weintrauben dekorieren.

TAMPICO

6 cl Tequila
2 cl Ananassirup
1 Spritzer Angostura Bitter
Sodawasser
Ananasstücke

Tequila, Sirup und Angostura auf Eis im Shaker gut schütteln und über Eiswürfel in ein Longdrinkglas abseihen. Mit Sodawasser auffüllen und mit Ananasstücken dekorieren.

HIMBEER-CAMPARI-DRINK

Für 4 Gläser

250 g Himbeeren
6 cl Campari
500 ml Vanilleeis
trockener Sekt
4 Minzezweige

Frische Himbeeren abspülen und abtropfen bzw. tiefgekühlte Himbeeren auftauen. Mit dem Campari im Elektromixer pürieren. Zugedeckt eine Stunde in den Kühlschrank stellen. Vanilleeis in Kugeln oder Stücken auf vier vorgekühlte Kelchgläser verteilen. Himbeerpüree darübergeben und mit gut gekühltem Sekt auffüllen. Mit Minzezweigen dekorieren.

Sunrise-Cocktail

Cocktail Negresco

SUNRISE-COCKTAIL

Für 4 Gläser

- *8 cl Campari*
- *4 EL Zitronensaft*
- *2 Eiweiß*
- *500 ml Zitroneneis*
- *Tonic Water*
- *8 Minzblätter*
- *4 Kirschpaare*

Campari mit Zitronensaft und Eiweiß im Shaker kräftig schütteln und mit dem Mixquirl schaumig aufschlagen. In vier Longdrinkgläser verteilen, je zwei Eiskugeln hineingeben und mit Tonic Water auffüllen. Mit grob gehackter Minze und je einem Kirschenpaar dekorieren.

COCKTAIL NEGRESCO

Für 4 Gläser

- *8 cl Campari*
- *8 cl Vermouth Rosso*
- *500 ml Nusseis-Mischung*
- *Sodawasser*
- *4 TL gehackte Haselnüsse*
- *Zimt*

Campari und Vermouth im Rührglas mixen. Je zwei Eiskugeln in ein hohes, vorgekühltes Becherglas geben, rasch mit der

Cassis Special

Golden River

Campari-Vermouth-Mischung übergießen und mit Sodawasser auffüllen. Mit Nüssen und einem Hauch Zimt bestreuen. Mit Trinkhalm servieren.

CASSIS SPECIAL

2 cl Cassis
Mineral- oder Heilwasser
1 Kugel Zitronensorbet

Den Cassis in ein hohes Stielglas geben, mit eisgekühltem Wasser auffüllen und kurz umrühren. Das Zitronensorbet hinzugeben und sofort servieren.

GOLDEN RIVER

1 Eigelb
12 cl Ananassaft
2 cl Sahne
1 Kugel Pistazieneis
3 cl Crème de Cacao weiß
Pistazienkerne

Eigelb, Saft, Likör und Eis im Shaker mit zwei Eiswürfeln mixen, in eine vorgekühlte Cocktailschale geben und mit geriebenen Pistazienkernen dekorieren.

SUMMER-NIGHT

2 cl Himbeergeist
2 cl Campari
10 cl Grapefruitsaft
Tonic Water

Himbeergeist, Campari und Saft im Shaker mit Eis gut schütteln, in ein Longdrinkglas abseihen und mit Tonic Water auffüllen.

Trauben Topical

Shy Angel

TRAUBEN TROPICAL

8 cl roter Traubensaft
4 cl Orangensaft
2 cl Kokosnusscreme
2 cl Gin
3 cl Pfirsichlikör
Pfirsichscheibe
Kiwischeibe
Kirsche

Säfte, Kokosnusscreme, Likör und Gin auf Eis im Shaker mixen und in ein Cocktailglas abseihen. Die Früchte aufspießen und in das Glas geben.

ORANGE CRUSTA

4 cl Curaçao
Saft von 1 Orange
Für den Zuckerrand:
Zitronensaft und Zucker

Den Rand eines Cocktailglases in Zitronensaft und dann in Zucker tauchen. Orangensaft und Curaçao auf Eiswürfeln im Shaker kräftig schütteln und in das vorbereitete Glas über Eiswürfel abseihen.

SHY ANGEL

2 cl Cointreau
2 cl gelber Bananenlikör
50 cl Sahne
5 cl weißer Traubensaft
geriebene Muskatnuss
Trauben
Zitronenmelisse

Cointreau, Likör, Sahne und Traubensaft mit zwei bis drei Eiswürfeln im Shaker gut mixen. In ein Cocktailglas abseihen und mit geriebener Muskatnuss bestreuen. Mit Weintrauben und Zitronenmelisse dekorieren.

POGO STICK

1 cl frisch gepresster Zitronensaft
8 cl frisch gepresster Grapefruitsaft
3 cl Gin
3 cl Curaçao weiß
Grapefruitschale
Kirsche

Säfte, Gin und Curaçao mit Eiswürfeln im Shaker mixen und in ein Longdrinkglas abseihen. Mit Grapefruitschale und Kirsche garnieren.

MARILYN

2 cl Cointreau
10 cl Multivitamin-Drink
Limetten- oder
Orangenscheibe

Likör auf Eiswürfel in ein Longdrinkglas geben und mit dem Saft auffüllen. Limetten- oder Orangenscheibe auf den Glasrand stecken.

PAPERMOON

5 cl Multivitamin-Drink
5 cl trockener Sekt
Für den Zuckerrand:
Zitronensaft und Zucker

Rand eines Sektkelches in Zitronensaft und dann in Zucker tauchen. Saft hineingeben und mit eiskaltem Sekt auffüllen.

Marilyn • Papermoon

Traubensaft Cocktail

TRAUBENSAFT COCKTAIL

Für 4 Gläser

1/4 l weißer Traubensaft
1/4 l roter Traubensaft
1/8 l Sherry medium
2 Rhabarberstangen
Zitronenmelisse

Rhabarberstangen schälen und in Stücke schneiden. Mit etwas weißem Traubensaft ca. fünf Minuten köcheln lassen, durch ein Sieb streichen und abkühlen lassen.

Säfte in vier schlanke, hohe Gläser verteilen, Rhabarberpüree und jeweils zwei Eiswürfel hinzufügen, gut umrühren und obenauf einen Schuss Sherry geben. Mit Zitronenmelisse dekorieren.

BLUE MOON

2 cl Curaçao blue
2 cl weißer Rum
5 cl weißer Traubensaft
Tonic Water
Melonenkugeln
rote Trauben

Curaçao, Rum und Traubensaft im Shaker mit zwei bis drei Eiswürfeln gut schütteln. In ein Glas auf gestoßenes Eis abseihen. Melonenkugeln und abgezogene, halbierte und entkernte Trauben in den Drink geben und mit Tonic Water auffüllen.

MANGO TEQUILA

5 cl Tequila
1 cl Zitronensaft
1/2 Mango
frische Minze

Geschältes Mangofleisch, eine Tasse gestoßenes Eis, Tequila und Zitronensaft in einem Elektromixer pürieren und in eine große Cocktailschale abseihen. Mit Minze dekorieren.

Blue Moon

Prickelnde Grapefruit

PRICKELNDE GRAPEFRUIT
Für 4 Gläser

4 EL Orangenlikör
8 EL Grapefruitsaft
1/2 l Mineral- oder Heilwasser
4 ausgehöhlte Grapefruits
Cocktailkirschen
Grapefruitstücke

GINGER GRAPE

2 cl Cognac oder Weinbrand
10 cl roter Traubensaft
Ginger Ale
Zitronensaft
Zucker
Traubenrispe

Cognac bzw. Weinbrand und Traubensaft im Glas verrühren. Mit gut gekühltem Ginger Ale auffüllen. Für die Dekoration eine Traubenrispe in Zitronensaft und dann in Zucker wenden. Über den Glasrand hängen.

JUICER

3 cl frisch gepresster Orangensaft
3 cl frisch gepresster Grapefruitsaft
1 cl frisch gepresster Zitronensaft
3 cl brauner Rum
2 cl Amaretto

Zutaten auf Eis im Shaker mixen und in ein Longdrinkglas abseihen.

Likör und Grapefruitsaft im Mixglas gut verrühren und auf die vier Grapefruits verteilen. Je einen Eiswürfel hineingeben und mit Mineral- oder Heilwasser auffüllen. Mit aufgespießten Kirschen und Grapefruitstücken dekorieren.

Ginger Grape

Bitter Dream

Red Hours

BITTER DREAM

2 cl Kräuterlikör
6 cl weißer Traubensaft
Bitter Lemon
Zitronenmelisse

Likör und Traubensaft in ein Cocktailglas auf zerstoßenes Eis geben und gut verrühren. Mit gekühltem Bitter Lemon auffüllen. Mit Zitronenmelisse dekorieren.

RED HOURS

2 cl Vermouth Rosso
2 cl Gin
5 cl roter Traubensaft
1 Spritzer Limettensaft
rote Traube
Für den Zuckerrand:
Limettensaft und Zucker

Rand eines Cocktailglases in Limettensaft und dann in Zucker tauchen. Vermouth, Gin und roten Traubensaft im Mixglas mit zwei Eiswürfeln verrühren. In das Cocktailglas abseihen. Mit Limettensaft abspritzen und mit aufgespießter roter Weintraube servieren.

SOMMERTRAUM

2 cl Himbeergeist
2 cl Himbeerlikör
4 cl Zitronensaft
Tonic Water

Himbeergeist und -likör mit dem Zitronensaft auf Eis im Shaker mixen, in ein Longdrinkglas geben und mit Tonic Water auffüllen.

Blutorangen-Sekt-Mix • Moro on the Rocks

BLUT-ORANGEN-SEKT-MIX

10 cl Blutorangen-Drink
10 cl trockener Sekt
Orangenspirale
Für den Zuckerrand:
Zitronensaft und Zucker

Rand eines hohen Glases in Zitronensaft und dann Zucker tauchen, Blutorangen-Drink hinzugeben und mit eiskaltem Sekt auffüllen.

MORO ON THE ROCKS

2 cl weißer Rum
10 cl Blutorangen-Drink
Orangenscheibe

Rum auf zwei bis drei Eiswürfel in einen Tumbler geben und mit dem Blutorangen-Drink auffüllen. Mit einer halben Orangenscheiben dekorieren.

LUNA ROSSA

- *3 cl Brombeer-Likör*
- *2 Spritzer Zitronensaft*
- *Saft 1/2 Orange*
- *Sekt*
- *Orangenscheibe*
- *Cocktailkirsche*

Likör und Säfte im Shaker gut schütteln, in einen Sektkelch abseihen und mit Sekt auffüllen. Mit Orangenscheibe und Kirsche dekorieren.

CHAMP

- *2 cl Vermouth Dry*
- *Champagner*

Vermouth in einen Champagnerkelch geben und mit eisgekühltem Champagner auffüllen.

Tipp: Wenn Sie es lieblicher mögen, können Sie den Drink auch mit Vermouth Rosso zubereiten. Er heißt dann „Tropical" und ist rötlich.

CHAMPAGNER COCKTAIL

- *1 Stück Würfelzucker*
- *1 Spritzer Angostura*
- *Champagner*
- *Zitronenschale*
- *Orangenscheibe*

Würfelzucker in Champagnerkelch oder -schale mit Angostura beträufeln und mit eisgekühltem Champagner auffüllen. Mit Zitronenschale abspritzen und Orangenschale auf den Glasrand stecken.

Tipp: Je nach Geschmack können Sie noch 1 cl Brandy hinzugeben.

VULCANO

- *2 cl Himbeergeist*
- *2 cl Curaçao blue*
- *Orangenschale*
- *Champagner*

Himbeergeist und Curaçao in einen Sektkelch gießen, umrühren und mit Orangenschale abspritzen. Mit Champagner auffüllen.

Luna Rossa

Lucky Litschi

LUCKY LITSCHI

Für 2 Gläser

4 TL milder Whisky
2 cl Grenadine
2 cl Zitronensaft
10 Tropfen Orangenbitter
2 Litschis
Sekt rosé
Zitronenscheiben

Whisky mit Grenadine, Zitronensaft, Orangenbitter und vier Eiswürfeln im Shaker schütteln oder im Mixglas kräftig verrühren. In zwei hohe Sektkelche abseihen. Geschälte und mehrmals eingestochene Litschis hineingeben und mit gut gekühltem Sekt auffüllen. Zitronenscheibe auf den Glasrand stecken.

CHAMPAGNER FLIP

2 cl Cognac
2 cl Grand Marnier
1 Eigelb
Champagner oder Sekt

Cognac, Grand Marnier und Eigelb im Shaker kräftig schütteln, in ein Sektglas abseihen und mit kaltem Champagner bzw. Sekt auffüllen.

KIR ROYAL

1 cl Crème de Cassis
Champagner

Crème de Cassis (je nach persönlichem Geschmack kann man die Menge variieren) in einen Sektkelch geben und mit Champagner auffüllen.

BELLINI

5 cl Pfirsichsaft
1 Spritzer Apricot Brandy
Champagner

Pfirsichsaft und Apricot Brandy im Champagnerkelch verrühren und mit Champagner auffüllen.

FRENCH 75

3 cl Gin
1 cl Zitronensaft
1 TL Zuckersirup
Champagner

Gin, Saft und Sirup im Shaker auf Eis gut mixen, in Champagnerglas abseihen und mit Champagner auffüllen.

Kir Blackberry

KIR BLACKBERRY

2 cl Brombeer-Likör
Champagner oder Sekt
Brombeere

Brombeer-Likör in Sektkelch geben, mit Sekt auffüllen und eine Brombeere hineingeben.

Caribbean Royal

CARIBBEAN ROYAL

1 cl Orangensaft
1 cl Ananassaft
1 cl Mango-Zitronen-Nektar
1 cl Apricot Brandy
Sekt
Ananasstück
Kirsche

Säfte und Likör im Shaker auf Eis gut schütteln, in Sektkelch abseihen und mit Sekt auffüllen. Mit Ananasstück und Kirsche dekorieren.

GOLDEN STAR

Für 2 Gläser

4 cl Orangenlikör
10 Tropfen Angostura Bitter
Sekt
Sternfruchtscheiben
Minzeblätter

Orangenlikör und Angostura in Sektschalen gießen und mit gut gekühltem Sekt auffüllen. Sternfruchtscheiben und Minze hineingeben.

ROTER KORSAR

1 cl weißer Rum
1 cl Orangenlikör
2 cl Kirsch-Fruchtsaftgetränk
trockener Sekt
1/2 Orangenscheibe
Kirsche mit Stiel

Rum, Likör und Saft in eine Sektschale geben und mit Sekt auffüllen. Kirsche hineingeben und Orangenscheibe auf den Glasrand stecken.

MANDARIN-FIZZ ÄTNA

2 cl Tequila
2 cl Mandarinensirup
Sekt

Tequila und Sirup in ein Sektglas geben und mit Sekt auffüllen.

RED ROYAL

2 cl Red Orange Liqueur
trockener Sekt
Orangenscheibe

Likör in eine Sektschale geben, mit kaltem Sekt auffüllen und mit Orangenscheibe dekorieren.

Golden Star

DIZZY LIZZIE

4 cl Jambosala
1 cl Williams-Birnengeist
1 cl Zitronensaft
1 TL Grenadine
trockener Sekt
1/2 Orangenscheibe
Cocktailkirsche
frische Minze

Jambosala, Birnengeist, Saft und Grenadine in einen Sektkelch geben und mit kaltem, trockenem Sekt auffüllen. Mit Orangenscheibe, Kirsche und Minze dekorieren.

CARIBBEAN STAR

Für 2 Gläser

4 cl Weinbrand
4 cl Limettensaft
2 cl Maracuja-Sirup
2 Cocktailkirschen
Sekt
Sternfrucht

Weinbrand mit Limettensaft, Sirup und vier Eiswürfeln im Shaker schütteln oder im Mixglas kräftig verrühren. In Cocktailgläser abseihen, je eine Kirsche hineingeben und mit Sekt auffüllen. Sternfruchtscheibe obenauf legen oder auf den Glasrand stecken.

BLUE TANGO

2 cl Curaçao blue
trockener Sekt
Weintraube

Curaçao in einen Sektkelch geben, mit kaltem Sekt auffüllen und eine Weintraube hineingeben.

Caribbean Star

GOLDTALER

2 cl Haselnusslikör
1 cl Weinbrand
Sekt
geschälte Haselnuss

Likör und Weinbrand mit Sekt auffüllen und mit Haselnuss dekorieren.

Number One

NUMBER ONE

3 cl Vermouth Rosso
1 cl Brandy
Sekt
Sternfrucht

Vermouth und Brandy in Sektkelch geben und mit gut gekühltem Sekt auffüllen. Mit Sternfrucht dekorieren.

Mai-Bowle

TRAUBEN-SAFTBOWLE
Für 4-6 Personen

1 l weißer Traubensaft
1 l Weißwein
200 g grüne Weintrauben
1 Flasche Sekt

Die Trauben entkernen, abziehen und halbieren. In ein Bowlegefäß geben, Traubensaft und Weißwein hinzufügen. Kühl stellen und ziehen lassen. Kurz vor dem Servieren mit Sekt auffüllen.

FISHER-HOUSE PUNCH
Für ca. 15 Gläser

0,7 l weißer Rum
0,35 l Jamaica Rum
6-8 EL Zuckersirup
Saft von 8 Zitronen
Saft von 6 Orangen
15 cl Pfirsichlikör
Orangenscheiben

Rum, Säfte, Sirup und Likör in ein Bowlegefäß geben, gut umrühren und etwa zwei Stunden kalt stellen. In Gläsern auf Eiswürfeln servieren und mit Orangenscheiben dekorieren.

MAI-BOWLE
Für 4 Personen

1 Büschel Waldmeister ohne Blüten
2 Flaschen milder Weißwein
1 Honigmelone
5 EL Crème de Menthe grün
1 Flasche Sekt

Das Waldmeisterbüschel waschen, trockentupfen, an einen Holzlöffelstiel binden und in ein Bowlegefäß hängen. Mit dem gut gekühlten Weißwein übergießen. Abgedeckt an einem kühlen Platz etwa eine halbe Stunde ziehen lassen. Die Melone halbieren, entkernen und mit einem Kugelausstecher Kugeln aus dem Fruchtfleisch lösen. Waldmeister aus dem Gefäß nehmen, die Melonenkugeln und den Pfefferminzlikör hineingeben. Mit dem gut gekühlten Sekt auffüllen und umrühren.

BANANEN-BEEREN-BOWLE

Für 4 Gläser

300 g Beeren
100 g Zucker
4 mittelgroße Bananen
1/8 l Weinbrand
0,7 l nicht zu trockener Weißwein
0,7 l halbtrockener Sekt
Zitronenmelisse

Beeren waschen und trockentupfen. Bananen schälen, in nicht zu dicke Scheiben schneiden und einige Zeit in Weinbrand ziehen lassen. Kurz vor dem Servieren die Beeren und Bananenscheiben in eine Bowlegefäß geben, mit gut gekühltem Wein und Sekt aufgießen und in Bowlengläser füllen. Mit Zitronenmelisse dekorieren.

Tipp: Sie können die Bowle mit nur einer Beerensorte zubereiten oder zum Beispiel Brombeeren, rote und schwarze Johannisbeeren mischen.

Bananen-Beeren-Bowle

APRIKOSEN-MELONEN-BOWLE

Für 6-8 Personen

250 g Aprikosen
1 Wassermelone
2 cl Grenadine
Saft 1 Zitrone
Saft von 2 Orangen
2 Flaschen milder Weißwein
1 Flasche Sekt

Aprikosen mit kochendem Wasser überbrühen, die Haut abziehen, halbieren, entkernen und das Fruchtfleisch in Spalten schneiden. Melone vierteln und die Kerne entfernen. Mit einem Kugelausstecher kleine Kugeln herauslösen. Früchte in ein Bowlegefäß geben. Grenadine, Zitronen- und Orangensaft untermischen. Früchte mit Weißwein bedecken und zugedeckt vier Stunden im Kühlschrank ziehen lassen. Vor dem Servieren mit dem restlichen Weißwein und dem eisgekühlten Sekt auffüllen.

Tipp: Sie können die Bowle noch verfeinern, indem Sie zusätzlich in jedes Glas eine kleine Kugel Vanilleeis geben.

Aprikosen-Melonen-Bowle

ROSA ZEITEN

Für 4-6 Personen

1 kleine Honigmelone (750 g)
1 große Banane
2 cl Rum (40 % Vol.)
2 cl Mandellikör
1 Sternfrucht
1 EL Puderzucker
2 Flaschen Roséwein
1 Flasche Sekt rosé

Melone vierteln, entkernen und Fruchtfleisch von der Schale lösen. In Würfel schneiden oder mit einem Kugelausstecher Kugeln formen. Saft aus den Schalen drücken und darüber träufeln.
In ein Bowlegefäß geben. Bananenscheiben hinzugeben. Rum und Mandellikör darüber träufeln. Sternfruchtscheiben auf Banane und Melone verteilen und Puderzucker darübersieben.
15 Minuten ziehen lassen. Eine Flasche gut gekühlten Roséwein aufgießen und zehn Minuten ziehen lassen. Die zweite Flasche Wein und den ebenfalls gut gekühlten Sekt hinzufügen.

Rosa Zeiten

EXOTISCHE FRUCHT-BOWLE

Für 4-6 Personen

4 Kiwifrüchte
1 kleine Ananas
1 Mangofrucht
1 Papayafrucht
200 g Zucker
2 Päckchen Vanillezucker
1 Flasche Orangensaft
2 Flaschen Weißwein
1 Flasche Mineral- oder Heilwasser
2 Bund Zitronenmelisse

Die Kiwifrüchte schälen und in Scheiben schneiden. Die Ananas schälen, den Strunk herausschneiden und würfeln. Die Mangofrucht schälen, den Kern herauslösen und das Fruchtfleisch würfeln. Die Papayafrucht schälen, halbieren, die Kerne mit einem Teelöffel herausschaben und die Frucht in Würfel schneiden. Alle Früchte in ein Bowlegefäß geben, mit dem Zucker und Vanillezucker bestreuen und ca. 15 Minuten im Kühlschrank ziehen lassen. Den gut gekühlten Orangensaft, den Weißwein und das Wasser angießen, Eiswürfel unterziehen und weitere 30 bis 40 Minuten kühlstellen. Die gewaschene, klein geschnittene Zitronenmelisse kurz vor dem Servieren unter die Bowle ziehen.

Exotische Fruchtbowle

Kirschbowle

KIRSCH-BOWLE

Für 4-6 Personen

5 EL Zucker
5 EL Wasser
500 g entsteinte Schattenmorellen (tiefgekühlt oder frisch)
1/8 l weißer Portwein
2 Flaschen Roséwein
1 Flasche Sekt
Minzblättchen

Zucker und Wasser zum Kochen bringen und zwei Minuten köcheln lassen. Die gefrorenen Kirschen dazugeben, verrühren und in ein Bowlegefäß gießen. Den Portwein dazugeben. Drei Stunden durchziehen lassen. Mit dem gut gekühlten Roséwein und Sekt auffüllen. Mit Minzblättchen dekorieren.

KALTE ENTE

Für 4-6 Personen

2 Flaschen Weißwein
1-2 Flaschen Sekt
1 unbehandelte Zitrone

Zitronenschale spiralförmig abschneiden und in einen Bowlenkrug hängen. Darüber ganz langsam den Weißwein gießen und zusammen ca. 20 Minuten ziehen lassen. Kurz vor dem Servieren mit dem gut gekühlten Sekt aufgießen.

TRAUBEN-BOWLE

Für 4-6 Personen

500 g grüne Weintrauben
2 EL Zucker
Saft 1 Zitrone
2 EL Weinbrand
1 Flasche halbtrockener Weißwein
2 Flaschen Mineral- oder Heilwasser

Die Weintrauben abzupfen, waschen und trocknen. Mit dem Zucker, Zitronensaft, Weinbrand und Wein in ein Bowlegefäß geben. Einige Stunden ziehen lassen. Kurz vor dem Servieren mit dem Mineral- oder Heilwasser auffüllen.

Traubenbowle

Rosa's rosa Bowle

ROSA'S ROSA BOWLE

Für 8 Personen

1 Wassermelone (ca. 1 kg Fruchtfleisch)
1 unbehandelte Zitrone
2 Flaschen Roséwein
8 EL Johannisbeerlikör
6 EL Sherry Cream
250 g rote Johannisbeeren
1 Flasche Sekt rosé
frische Zitronenmelisse

Das Fruchtfleisch der Melone in kleine Stücke schneiden. Die Zitrone spiralförmig schälen. Beides in ein Bowlegefäß geben. Zitronensaft, eine Flasche Roséwein und Johannisbeerlikör hinzufügen, vorsichtig verrühren und mindestens eine halbe Stunde zugedeckt kühl stellen. Kurz vor dem Servieren die zweite Flasche Wein, Sherry und die Johannisbeeren dazugeben. Mit Sekt aufgießen und mit Melisseblättchen garnieren.

SPLITTER-KAFFEE

Für 4 Gläser

6 TL löslicher Kaffee
1/2 l Wasser
5-7 TL Zucker
4 Eidotter
1 Likörglas Marsala
ungesalzene Pistazien

Den Kaffee mit einem halben Liter kochendem Wasser aufgießen und erkalten lassen. Anderthalb Teelöffel Zucker darin auflösen und den gesüßten Kaffee in einer Gefrierschale ohne Einsatz gefrieren lassen. Eidotter mit dem übrigen Zucker und dem Marsala verrühren und in gut gekühlte Gläser füllen. Den gefrorenen Kaffee im Geschirrtuch mit einem Fleischklopfer zerkleinern und auf die Gläser verteilen. Mit den in dünne Blättchen geschnittenen Pistazien dekorieren.

Tipp: Der Splitter-Kaffee eignet sich auch hervorragend als Dessert.

Café-Chocolat Flip

CAFÉ-CHOCOLAT FLIP

3-4 Messerspitzen löslicher Kaffee
2 EL löslicher Kakao
1 Ei
2 Gläschen Maraschino
2 Gläschen Zitronen- oder Orangenlikör
2 TL Puderzucker
2-3 Maraschinokirschen
etwas Schlagsahne

Alle Zutaten in einen Mixbecher geben und gut schaumig schlagen. In einen Sektkelch geben und mit Schlagsahne und den Kirschen verzieren.

MAZAGRAN

1/2 Tasse starker Kaffee (Mokka)
1 Likörglas Maraschino
1 Likörglas Cognac
1 Spritzer Angostura
Zucker
Nelkenpulver

Kaffee zubereiten und abkühlen lassen. Den kalten Kaffee auf Eisstückchen in ein Glas geben, Cognac, Maraschino und Angostura hinzufügen. Je nach Geschmack süßen und mit Nelkenpulver würzen. Mit Trinkhalm servieren.

Café Bon

MOKKA-EIS-FLIP

Für 2 Gläser

- *2 Tassen sehr starker Kaffee (Mokka)*
- *2 gehäufte TL Zucker oder Vanillezucker*
- *4-6 Kugeln Mokka-Eis*
- *Schlagsahne*
- *8 cl Eierlikör*

Kaffee zubereiten und mit dem Zucker oder Vanillezucker süßen. Kalt stellen. Je zwei bis drei Kugeln Mokka-Eis in zwei Longdrinkgläser füllen und mit dem gekühlten Kaffee auffüllen. Steifgeschlagene Sahne daraufgeben und den Eierlikör darüber gießen. Mit einem langen Löffel sofort servieren.

CAFÉ BON

Für 3-4 Gläser

- *1/4 l frisch gepresster Orangensaft*
- *1/4 l starker Kaffee*
- *1/8 l Cola*
- *2 cl Eierlikör*
- *Orangenscheibe*

Orangensaft mit kaltem Kaffee, Traubenzucker und Eierlikör gut vermischen, in hohe Gläser geben und mit Orangenscheibe und Trinkhalm servieren.

Mokka-Eis-Flip

Eiskaffee Karibik

Café La Bamba

EISKAFFEE KARIBIK

Für 4 Gläser

4-5 Messlöffel à 6 g Kaffee
0,5 l Wasser
4 große Kugeln Vanilleeis
8 cl weißer Rum

Kaffee filtern und sofort abkühlen. Mit vier großen Kugeln Vanilleeis verschlagen und den Rum hinzufügen. Mit Eiswürfeln im Glas servieren.

CAFÉ LA BAMBA

Für 4 Gläser

4-5 Messlöffel à 6 g Kaffee
0,5 l Wasser
8 cl Eierlikör
0,25 l Orangensaft
8 TL Rohrzucker
Orangenscheibe
Zitronenmelisse

Kaffee filtern und schnell abkühlen lassen. Eierlikör unterrühren und mit Orangensaft auffüllen. Mit Rohrzucker je nach Geschmack süßen und in hohe Gläser füllen. Mit Orangenscheibe und Melisse dekorieren.

Eiscafé flambiert

Marillen-Café

EISCAFÉ FLAMBIERT

Für 4-6 Personen

- *4 gehäufte TL löslicher Kaffee*
- *2 Tassen Wasser*
- *1 Päckchen Vanillezucker*
- *1/2 Packung Vanilleeis*
- *1/2 Packung Nusseis*
- *4 Likörgläser Cognac*
- *4-8 Stück Würfelzucker*

Den Kaffee mit zwei Tassen warmem Wasser auflösen und den Vanillezucker hinzufügen. Abkühlen lassen. Das Eis auf vier bis sechs hohe Becher (möglichst aus dickwandigem Glas) verteilen und mit dem kalten Kaffee auffüllen. In einem kleinen Kupfertöpfchen den Cognac mit dem Würfelzucker erhitzen, anzünden und brennend über den Eiscafé gießen.

Tipp: Statt des Cognacs können Sie auch hochprozentigen Rum verwenden.

MARILLEN-CAFÉ

Für 4 Personen

- *4-5 Messlöffel à 6 g Kaffee*
- *4 TL Zucker*
- *8 frische Aprikosen*
- *4 EL Marillenlikör*
- *125 g Schlagsahne*
- *100 g Pistazien*
- *4 Partyspieße*

Kaffee filtern, süßen, abdecken und sofort erkalten lassen. Inzwischen die Aprikosen häuten und entkernen. Die Hälfte der Aprikosen klein schneiden und eine halbe Stunde im Marillenlikör ziehen lassen. Die Sahne steif schlagen und die Pistazien grob hacken. Die übrigen Aprikosen halbiert auf Partyspieße stecken und in vier hohe Kaffeetassen setzen. Die in Likör eingeweichten Früchte hineingeben, mit dem kalten Kaffee aufgießen und mit Pistazien-Sahnehaube servieren.

TEE-COCKTAIL
Für 4-6 Gläser

1 kleine Dose Loquats oder Lychees
1/8 l Vermouth Bianco
1/2 l Wasser
5 TL schwarzer Tee oder 3-4 Teebeutel
50 g Kandis
1/4 l Orangensaft

Loquats bzw. Lychees auf einem Sieb abtropfen lassen und den Saft auffangen. Früchte mit Vermouth begießen und ca. sechs Stunden ziehen lassen. Tee und Kandis mit kochendem Wasser aufgießen, ca. fünf Minuten ziehen lassen, abgießen und kalt stellen. Kalten Tee, Orangensaft und den Loquats- bzw. Lycheesaft über die Früchte geben, umrühren und auf die Gläser verteilen.

Lemon Tea

LEMON TEA
Für 8 Gläser

5 TL English Tea
3/4 l Wasser
5 unbehandelte Zitronen
150 g Zucker
2 Gläschen Weinbrand

Den Tee mit kochendem Wasser übergießen und je nach Geschmack drei bis fünf Minuten ziehen lassen. Zitronen waschen, schälen, die Schale in den Tee geben, etwas ziehen lassen und wieder entfernen. Zitronensaft, Zucker, Weinbrand und Eiswürfel in den erkalteten Tee geben und servieren.

MARACUJA-TEE AUF EIS
Für 4-6 Gläser

10 TL Maracuja-Tee
3/4 l Wasser
8 EL Granatapfellikör
250 g Maracuja-Eis

Den Maracuja-Tee mit kochendem Wasser aufgießen, ca. fünf Minuten ziehen lassen, abgießen und kalt stellen. Den kalten Tee mit dem Likör verrühren und auf Eis in Gläsern servieren.

WILD FLOWERS
Für 4 Gläser

0,5 l Milch
150 g Hagebutten-Mark oder - Marmelade
1 Becher Natur-Joghurt
1 Piccolo Sekt

Milch mit Hagebutten-Mark oder Marmelade und Joghurt gut durchmischen. Je nach Geschmack etwas nachzuckern. Auf die Gläser verteilen und mit Sekt auffüllen. Einen Teelöffel Hagebutten-Mark obenauf geben und mit Wildrosenblüten dekorieren.

CHAMPAGNER-TEE
Für 4 Gläser

4 TL schwarzer Tee
1/4 l Wasser
12 Stück Würfelzucker
2 unbehandelte Zitronen
2 Flaschen Sekt

Den Tee mit kochendem Wasser aufbrühen, Würfelzucker hinzugeben und ca. fünf Minuten ziehen lassen und abgießen. Mit dem Saft einer halben Zitrone und der Schale einer ganzen Zitrone kaltstellen. Den kalten Tee mit dem Sekt auffüllen und drei Zitronenscheiben hineingeben.

ABENDBRISE

Für 4 Gläser

3 Beutel Früchtetee
3/4 l Wasser
Süßstoff
8 cl Himbeergeist
1 Tasse Himbeeren
4 Aprikosen

Den Tee mit dem kochenden Wasser übergießen, je nach Geschmack süßen, ziehen und erkalten lassen. Himbeeren und klein geschnittene Aprikosen mit Himbeergeist vermischen und eine halbe Stunde durchziehen lassen. Gestoßenes Eis in vier Gläser geben, darüber die Früchte und mit dem erkalteten Tee auffüllen.

Wild Flowers

Maracuja-Milch mit Zitronen-Sorbet

SCHOKO FRAPPÉ

Für 4 Personen

3/4 l kalter Trink-Kakao
1 Schuß Weinbrand
3 EL süße Sahne
4 Kugeln Vanilleeis
Kakaopulver

MARACUJA-MILCH MIT ZITRONEN-SORBET

Für 4 Personen

3/8 l Milch
1/8 l Maracujasaft
Saft 1/2 Zitrone
1 Schuß Aprikosenlikör
250 ml Zitronen-Sorbet
Sternfruchtscheiben
Zitronenmelisse

Milch, Säfte und Likör verrühren. Zitronen-Sorbet in eine Glasschale geben. Maracuja-Milch vorsichtig dazugießen. Mit Sternfruchtscheiben und Zitronenmelisse verzieren.

Schokoladen-Frappé

Trink-Kakao, Weinbrand und Sahne schaumig schlagen. In Gläser füllen und Eis hineingeben. Mit etwas Kakaopulver bestreuen.

Mandelmilch-Drink mit Eis

BLUE MOON

4 cl weißer Rum
2 cl Curaçao blue
1 Kugel Vanilleeis
2 cl Sahne
10 cl Milch
frische Minze

Rum, Curaçao, Eis, Sahne und Milch im Mixer gut vermischen und in eine große Schale füllen. Mit Minze und 2 Trinkhalmen servieren.

MANDEL-MILCH-DRINK MIT EIS

Für 4 Personen

3/4 l Milch
50 g fein gehackte Mandeln
40 g Zucker
Mark einer Vanilleschote
2 EL Eierlikör
250 ml Caramel-Eiscreme
250 ml Schoko-Eiscreme
Schokostreusel
Raspelschokolade

Milch, Mandeln, Zucker, Vanillemark und Eierlikör im Shaker gut mischen. In die Gläser füllen und je eine Kugel Caramel- und Schokoeis hineingeben. Mit Schokostreuseln und Raspelschokolade dekorieren.

Dickmilch-Cocktail

DICKMILCH-COCKTAIL

Für 4 Gläser

1 kleine Dose Aprikosen
Saft von 1 Zitrone
500 g Sahnedickmilch
1 Piccolo Sekt
1/2 TL gestoßene Korianderkörner
2 Stengel Zitronenmelisse

Aprikosen mit Sirup, Zitronensaft und Dickmilch im Mixer pürieren. Die Aprikosen-Dickmilch mit dem Sekt mischen, mit einem Hauch frisch gestoßenem Koriander würzen und durchrühren. Auf vier hohe Longdrinkgläser mit jeweils zwei Eiswürfeln verteilen und mit je einem Stengel Zitronenmelisse servieren.

ORANGEN-MILCH-SHAKE

Für 4 Gläser

4 cl weißer Rum
1/4 l Orangensaft
1 1/2 Orangen
2 cl Maraschinolikör
4 Kugeln Vanilleeis
2 EL Puderzucker
3/8 l Milch
8 TL geriebene Schokolade

Rum, Orangensaft, die abgeriebene Schale der Orangen, Likör, Vanilleeis und Puderzucker im Mixer gut vermischen und in Sektschalen füllen. Mit geriebener Schokolade bestreuen.

PFLAUMEN-TRAUM

Für 4 Gläser

0,5 l Milch
1 Messerspitze Nelkenpulver
12 Dörrpflaumen (entsteint)
1/4 l Mineralwasser
1 Likörglas Zwetschgenschnaps
12 Basilikumblätter

Die Dörrpflaumen über Nacht im Mineralwasser einweichen. Am Morgen mit Mineralwasser und Milch im Mixer zerkleinern und durchmischen. Nelkenpulver und Zwetschgenschnaps dazugeben. Mit zerkleinerten Basilikumblättern in Gläsern servieren.

JOGHURT-ORANGE

150 g Joghurt
2 TL Orangenmarmelade
2 cl Orangenlikör
Orangenschale

Joghurt, Marmelade und Likör gut verrühren, in ein Cocktailglas geben und mit geriebener Orangenschale bestreuen.

BLONDIE

Für 4 Gläser

150 g reife Aprikosen (entsteint)
300 g reife Pfirsiche (entsteint)
30 g Zucker
1 Päckchen Vanillezucker
Saft von 1 Zitrone
500 ml Buttermilch
2 cl Aprikosenlikör
4 Kugeln Vanilleeis

Obst waschen, entsteinen und klein schneiden. Zusammen mit Zucker, Vanillezucker und Zitronensaft in den Elektromixer geben und pürieren. Bei kleinster Stufe Buttermilch und Aprikosenlikör dazugießen. In vier kleine Dessertgläser füllen und je eine Eiskugel hineingeben.

Joghurt-Orange

ROTE JOHANNA

Für 4 Gläser

300 g rote Johannisbeeren
3 EL Zucker
2 cl Weinbrand
500 ml Kefir (1,5 % Fett)

Johannisbeeren waschen, abzupfen und grob zerdrücken. Zusammen mit dem Zucker und dem Weinbrand in den Elektromixer geben. Durchmixen und bei kleinster Stufe den Kefir dazugießen. Kräftig durchmixen, in Gläser füllen und sofort servieren.

BROMILLCHEN

Für 4 Gläser

250 g frische Brombeeren
50 g Zucker
2 cl Eierlikör
500 ml Kefir (1,5 % Fett)
0,1 l süße Sahne

Brombeeren waschen, verlesen und grob zerdrücken. Zusammen mit dem Zucker im Elektromixer pürieren. Bei kleinster Stufe Eierlikör und Kefir unterrühren. In Schalengläser füllen. Mit geschlagener Sahne und Brombeere dekorieren.

Blondie • Rote Johanna • Bromillchen

IRISH COFFEE

2 TL brauner Zucker
1/8 l Irish Whiskey
1 Tasse starker, heißer Kaffee
Schlagsahne

Eine Tasse starken Kaffee aufgießen. Irish Coffee-Stielglas oder -Tasse anwärmen. Den Zucker hineingeben. Den Whiskey in einem hitzebeständigen Gefäß erwärmen und anzünden. Brennend über den Zucker gießen und dann mit dem heißen Kaffee auffüllen. Umrühren, bis sich der Zucker gelöst hat. Dann die halbgeschlagene Sahne über einen Löffelrücken vorsichtig auf den Kaffee gleiten lassen. Nicht mehr umrühren.

PHARISÄER

1 TL Zucker
1 TL löslicher Kakao
1 Likörglas Rum
1-2 TL löslicher Kaffee
Schlagsahne

Eine dreiviertel Tasse starken Kaffee aufgießen. In einer vorgewärmten Tasse oder einem Teeglas Zucker, Kakao und Rum verrühren und den heißen Kaffee dazugeben. Mit Schlagsahne zudecken.

Dieses Rezept verdanken wir der Findigkeit der Friesen. Da dem Pfarrer Alkohol ein Dorn im Auge war, versteckten sie ihn einfach im Kaffee unter einer dicken Sahnehaube. Doch der Pfarrer kam ihnen auf die Schliche und wetterte: Ihr Pharisäer!

Irish Coffee

Pharisäer

Café Brûlot

CAFÉ BRÛLOT

Für 6 Tassen

1 Orange
40 Gewürznelken
Schale 1 Zitrone
1 Zimtstange
16 Stück Würfelzucker
3 EL Rum
6 Tassen starker, heißer Kaffee

Orange mit den Gewürznelken spicken. Zitronenschale, Zimtstange und Würfelzucker mit dem Rum erhitzen. Nach einigen Minuten den heißen Kaffee darüber geben. In hohen Tassen oder Gläsern servieren.

Tipp: Flambieren Sie den Kaffee mit einem zusätzlichen Schuss Rum.

WIENER FIAKER

3/4 Tasse heißer Kaffee
2 TL Kirschwasser
1 TL Zucker
1 TL Kaffeesahne
Schlagsahne

Kaffee aufgießen und Kirschwasser hinzugeben. Mit Zucker und Kaffeesahne verrühren und mit Schlagsahne verzieren.

Banana-Summer-Dream

BANANA-SUMMER-DREAM

- *1/2 Banane*
- *1 Spritzer Bananensirup*
- *4 cl Milch*
- *4 cl Ananassaft*
- *etwas Zitronen- oder Limettensaft*
- *Limetten- oder Zitronenscheibe*

Alle Zutaten mit zwei Esslöffeln gestoßenem Eis ca. 15 Sekunden im Elektromixer vermischen und in ein Longdrinkglas abgießen. Mit Limetten- oder Zitronenscheibe dekorieren.

Fancy Fruits

FANCY FRUITS

2 cl Himbeersirup
6 cl roter Traubensaft
6 cl Orangensaft
kohlensäurearmes Mineralwasser

Himbeersirup, Traubensaft und Orangensaft mit Eiswürfeln gut schütteln oder verrühren. In ein zu etwa einem Drittel mit „Fancy-ice-cubes“ (in Eiswürfel eingefrorene Himbeeren und Zitronenschnitze) gefülltes großes Cocktailglas abseihen und mit kaltem Mineralwasser auffüllen.

BIG APPLE

2 cl Grenadine
6 cl Apfelsaft
2 Miniäpfel (aus der Dose)
kohlensäurehaltiges Mineralwasser
Apfelschale

Den Grenadinesirup mit dem Apfelsaft und drei Eiswürfeln im Mixglas gut verrühren, über einen der kleinen Äpfel in ein Longdrinkglas geben. Mit kaltem Mineralwasser auffüllen und einen gelben Eiswürfel (Aprikosensaft mit Mineralwasser gemischt) in den Drink geben. Den anderen Miniapfel auf den Glasrand stecken und mit Apfelschale garnieren.

Tipp: „Fancy-ice-cubes“ machen jeden Drink zur Augenweide. Am besten legen Sie sich einen Vorrat dieser bunten, mit Früchten gefüllten Eiswürfel an. Wie es gemacht wird, lesen Sie auf Seite 12/13.

Big Apple

Strawberry Fields

Cool Down

STRAWBERRY FIELDS

2 cl Erdbeersirup
4 cl Birnensaft
3 cl Zitronensaft
6 cl Aprikosensaft
kohlensäurehaltiges Mineralwasser
Sahnehaube
Erdbeere

Sirup und Säfte über Eis in einem Shaker kurz und kräftig schütteln. In eine tiefe Cocktailschale auf gestoßenes Eis abseihen und mit kohlensäurehaltigem Mineralwasser auffüllen. Mit Erdbeere und Trinkhalm servieren.

COOL DOWN

1 cl Pfefferminzsirup
Saft von 1 Limone
4 cl Ananassaft
natürliches Mineralwasser
Für den Zuckerrand:
Grenadine und
Zucker

Den Glasrand einer Champagnerschale in Grenadinesirup und dann in Zucker tauchen. Pfefferminzsirup, Limonensaft und Ananassaft im Shaker auf Eiswürfeln kurz und kräftig schütteln. In die vorbereitete und zur Hälfte mit gestoßenem Eis gefüllte Champagnerschale abseihen und mit eiskaltem Mineralwasser auffüllen.

COME ON

2 cl Mandelsirup
3 cl Zitronensaft
4 cl Grapefruitsaft
4 cl Orangensaft
6 cl Ananassaft
kohlensäurehaltiges Mineralwasser
eine halbe Ananasscheibe
Kiwischeibe
Cocktailkirsche

Den Sirup und die Säfte über Eis in einen Shaker geben, kurz und kräftig schütteln und über Eis in ein mittleres Cocktailglas abseihen. Mit kohlensäurehaltigem Mineralwasser auffüllen, dekorieren und mit Trinkhalm servieren.

GREENLAND

2 frische Minzeblättchen
3 cl Pfefferminzsirup
1 cl Zuckersirup
4 cl Zitronensaft
kohlensäurehaltiges Mineralwasser
Limonenscheibe

Die Minzeblättchen grob hacken und mit gestoßenem Eis in ein Cocktailglas geben. Pfefferminz- und Zuckersirup mit dem Zitronensaft dazugeben, kurz umrühren und mit kaltem Mineralwasser auffüllen. Mit Limonenscheibe und Trinkhalm servieren.

Come On

Greenland

KIWI-DRINK

Für 4 Gläser

4 Kiwis
Saft von 1 Zitrone
4 Kugeln Zitroneneis
1 EL Zucker
1 Messerspitze Ingwer
1 Messerspitze Zimt
3/4 l Mineral- oder Heilwasser
4 Kiwischeiben

Die geschälten Kiwis mit dem Zitronensaft und dem Eis im Mixer pürieren. Mit Ingwer und Zimt aromatisieren. Auf vier Gläser verteilen und mit dem Wasser auffüllen. Mit Kiwischeibe dekorieren und sofort servieren.

ANANAS-TRAUM

Für 4 Gläser

4 Scheiben Ananas
1 Tasse Ananassaft
4 EL Honig
einige Tropfen Vanillearoma
1 Flasche Mineral- oder Heilwasser

Ananasscheiben mit Ananassaft, Honig und Vanillearoma im Mixer pürieren. In vier Gläser geben und vorsichtig mit dem Wasser auffüllen. Einen Spieß mit Ananasstückchen in den Drink geben.

Kiwi-Drink • Grapefruit Spezial • Ananas-Traum

GRAPE-FRUIT SPEZIAL

Für 4 Gläser

- *2 Tassen Grapefruitsaft*
- *2 Tassen weißer Traubensaft*
- *3/4 l Mineral- oder Heilwasser*
- *Grapefruitfilets*

Den Grapefruitsaft mit dem Traubensaft vermischen. Auf vier Gläser verteilen und mit Mineral- oder Heilwasser auffüllen. Eiswürfel und Grapefruitfilets hineingeben und mit Cocktailspießen servieren.

Banana's Affair

Tropic Star

TROPIC STAR

- *6 cl Orangensaft mit Fruchtfleisch*
- *6 cl Maracuja-Nektar*
- *6 cl Ananassaft*
- *Strunk einer kleinen Ananas*
- *Cocktailkirsche*

Säfte im Shaker gut vermischen und in ein Longdrinkglas auf Eiswürfel geben. Mit Ananas und Kirsche eiskalt servieren.

BANANA'S AFFAIR

- *8 cl Bananen-Nektar*
- *4 cl Pfirsich-Nektar*
- *4 cl Apfelsaft*
- *Schlagsahne*
- *Pfirsich- oder Apfelscheibe*

Frucht-Nektar und Apfelsaft in einem Longdrinkglas gut verrühren und einen Tupfer Schlagsahne obenauf setzen. Pfirsich- oder Apfelscheibe auf den Glasrand stecken.

FIESTA

2 cl Himbeersirup
8 cl Orangensaft
8 cl Maracujasaft
2 cl Sahne
Orangenscheibe

Sirup, Säfte und Sahne im Shaker kräftig schütteln und in ein Longdrinkglas über Eiswürfel abseihen. Mit Orangenscheibe und Trinkhalm servieren.

TRAUBEN FLIP

8 cl Milch
8 cl roter Traubensaft
1 Eigelb
2 cl Ahornsirup
1 Prise Muskatnuss
Traubenrispe
frische Minze

Milch, Traubensaft, Eigelb und Sirup mit einer Prise Muskatnuss im Shaker auf Eis gut schütteln. In ein vorgekühltes Kelchglas abseihen. Mit Traubenrispe und frischer Minze dekorieren.

ORANGEN FLIP

8 cl Maracujasaft
8 cl frisch gepresster Orangensaft
1 Eigelb
0,5 cl Grenadine
Kirsche mit Stiel

Säfte, Eigelb und Grenadine im Shaker mit mehreren Eiswürfeln schütteln und in ein vorgekühltes Glas seihen. Mit Kirsche am Stiel dekorieren.

GREEN COCONUT

8 cl Ananassaft
6 cl naturtrüber Apfelsaft
1 Eigelb
1 cl Kokosnusscreme
1 cl Curaçao blue (ohne Alkohol)
Maraschinokirsche mit Stiel

Säfte, Eigelb, Kokosnusscreme und alkoholfreien Curaçao im Shaker auf Eis gut schütteln. In ein zu einem Drittel mit gestoßenem Eis gefülltes Glas geben. Mit Maraschinokirsche und Trinkhalm servieren.

Trauben Flip

Orangen Flip

Green Coconut

Teebowle Assam

Apfel-Ingwer-Bowle

TEEBOWLE ASSAM

Für 6 Personen

Blütenblätter von 2 Teerosen
2 EL brauner Zucker
2 cl Limettensirup
Saft von 4 großen Zitronen
1/2 l Assam-Tee
2 Flaschen klarer Birnensaft
2 Flaschen kohlensäurehaltiges Mineralwasser
Himbeeren (frisch oder tiefgekühlt)

Die Blütenblätter mit dem braunen Zucker zerdrücken. Mit Limettensirup und Zitronensaft vermischen. Sehr starken Tee (doppelte Menge Teeblätter) aufgießen. Nach vier Minuten abseihen und sofort über Eiswürfel in ein großes Gefäß gießen. Den abgekühlten Tee zu den Blütenblättern geben, verrühren, kalt stellen und etwa zwölf Stunden ziehen lassen. In ein Bowlegefäß abseihen, mit dem eiskalten Birnensaft auffüllen und umrühren. Das eiskalte Mineralwasser hinzufügen. Himbeeren in die Bowle geben und eventuell eine ganze Teerose als Dekoration auf der Bowle schwimmen lassen.

APFEL-INGWER-BOWLE

Für 4-6 Personen

3 süßsäuerliche Äpfel
1/4 l Apfelsaft
1 TL Ingwer (gehackt)
1/2 l Ginger Ale
2 Flaschen Heilwasser

Äpfel waschen, entkernen und in Würfel schneiden. Mit Apfelsaft, Ginger Ale und Ingwer ca. eine Stunde ziehen lassen. Mit Heilwasser auffüllen.

RHABARBER-BOWLE

Für 4 Personen

500 g frischer Rhabarber
1/2 l Orangensaft
75 g Zucker
1 1/2 l Mineral- oder Heilwasser
2 Tassen Kirschsirup

Den Rhabarber schälen und in kleine Stücke schneiden. Den Orangensaft mit Zucker in einem Topf erhitzen, aufkochen lassen und den Rhabarber darin blanchieren. Erkalten lassen und in ein Bowlegefäß geben. Mit kaltem Heilwasser auffüllen. Mit einigen Eiswürfeln verrühren und mit Kirschsirup süßen.

BEEREN-BOWLE

Für 4-6 Personen

1 kg gemischte Beeren (tiefgekühlt)
2 gehäufte EL Zucker
Saft von 2 Orangen
6 cl Johannisbeersirup
1 1/2 l Mineral- oder Heilwasser

Die Beeren auftauen, Zucker, Orangensaft und Sirup hinzugeben. Fünf bis sechs Stunden ziehen lassen und kurz vor dem Servieren mit kaltem Heilwasser auffüllen.

Rhabarber-Bowle

Beerenbowle

Südsee-Eiskaffee

EISCREME-SODA-KAFFEE

Für 2 Gläser

1/8 l Wasser
2 EL gemahlener Kaffee
1/8 l Milch
30 g Zucker
2 Kugeln Vanilleeis
2 Kugeln Schokoladeneis
1/4 l Mineralwasser

Den Kaffee mit kochendem Wasser filtern, mit Milch und Zucker mischen und kaltstellen. Das Eis auf zwei Gläser verteilen, die Kaffee-Milch-Mischung zugießen und mit Mineralwasser auffüllen. Mit Trinkhalm servieren.

NORDLAND-TEE

Für 4 Gläser

1/2 l schwarzer Tee
1/2 l Apfelsaft
2 TL Bienenhonig
Saft von 2 Orangen
Saft 1 Zitrone
4 Zitronenscheiben

Tee aufgießen, ziehen lassen und kalt stellen. Kalten Tee mit Apfel-, Orangen- und Zitronensaft mischen und mit Honig süßen. Auf Eiswürfeln mit einer Zitronenscheibe servieren.

SÜDSEE-EISKAFFEE

1 Tasse starker Kaffee
1/2 Glas Ananassaft
einige Ananasstückchen
Zucker
1 Kugel Vanilleeis

Eine Tasse starken (gemahlenen oder löslichen) Kaffee aufgießen, erkalten lassen und mit dem Ananassaft mischen. Über die Eiskugel in ein Stielglas gießen und die Ananasstückchen hinzugeben. Nach Geschmack mit Zucker süßen und mit Trinkhalm servieren.

EUROPA EISKAFFEE

1-2 Kugeln Vanilleeis
1 Tasse starker Kaffee
Schlagsahne
1 Eiswaffel

Vanilleeis in ein Stielglas geben. Mit starkem, eiskaltem Kaffee auffüllen und flüssige Sahne hinzugießen. Die übrige Sahne schlagen und obenauf geben. Mit Eiswaffel, Trinkhalm und langem Löffel servieren.

Eiscreme-Soda-Kaffee

Ananas-Kaffee

ANANAS-KAFFEE

Für 2 Gläser

- *1 Tasse starker Kaffee*
- *1 TL Zucker*
- *1 Tasse Ananassaft aus der Dose*
- *2 EL fein geschnittene Ananas*

Eine Tasse starken Kaffee aufgießen und erkalten lassen. Mit Saft und Zucker verrühren. Eiswürfel und Ananasstücke in zwei Bechergläser geben und mit der Kaffee-Saft-Mischung auffüllen.

COFFEE ON THE ROCKS

- *1 Tasse starker Kaffee (Mokka)*
- *1 Tasse Milch*
- *1 TL löslicher Kakao*
- *1 Kugel Schokoladeneis*
- *1 EL Schlagsahne*

Kaffee aufgießen und erkalten lassen. Milch, Sahne, Schokoladeneis und Kakao hinzugeben und mit einem Schneebesen schaumig rühren. Zwei bis drei Eiswürfel in ein hohes Glas geben und mit der gut gekühlten Kaffee-Mischung auffüllen.

PFIRSICH-JOGHURT-SHAKE

1 reifer Pfirsich
150 g Sahne-Joghurt
1 TL löslicher Kaffee

Pfirsich-Joghurt-Shake

Pfirsichhaut über Kreuz einritzen, kurz in kochendes Wasser legen, abschrecken und die Haut abziehen. Pfirsich halbieren und in kleine Würfel schneiden. Im Mixer mit Joghurt pürieren. Kaffeepulver in ein bis zwei Esslöffeln heißem Wasser auflösen und unter den Pfirsich-Joghurt-Shake mischen.

ORANGEN-BUTTER-MILCH-SHAKE

Für 4 Gläser

500 g Buttermilch
Saft von 4 Orangen
Saft von 2 Grapefruits
1 Päckchen Vanillinzucker
50-75 g Zucker
1 Orange
8 Cocktailkirschen

Gut gekühlte Buttermilch, Säfte und Zucker im Mixer verquirlen und in vier Gläser füllen. Orange in Scheiben schneiden, vierteln und mit jeweils zwei Cocktailkirschen auf Spieße stecken. Auf das Glas legen und sofort servieren.

TEE-PFIRSICH-TRUNK

Für 4 Personen

1/2 l Wasser
2 Beutel Ostfriesen-Tee
1/2 l Pfirsichsaft
Süßstoff
Zitronenspirale

Teebeutel ca. fünf Minuten in kochendem Wasser ziehen lassen. Beutel herausnehmen und Tee kalt stellen. Kalten Tee mit Pfirsichsaft verrühren, mit Süßstoff abschmecken und mit Zitronenspirale verzieren.

APRIKOSEN-ORANGEN-MIX

Für 4 Gläser

Saft von 4 Orangen
1 kleine Dose Aprikosen
1/2 l Milch
125 g Schlagsahne
4 Orangenscheiben

Orangensaft und Aprikosen mit Saft im Mixer pürieren. Die gut gekühlte Milch unterschlagen. In vier Gläser füllen. Die Sahne steif schlagen und auf jeden Drink eine Sahnehaube setzen. Mit Orangenscheibe dekoriert servieren.

Orangen-Buttermilch-Shake

Aprikosen-Orangen-Mix

Pfefferminz-Fee

Blüten-Shake

PFEFFER-MINZ-FEE

Für 4 Gläser

- *1/2 l Milch*
- *2 TL frische Minzeblätter*
- *0,3 l Wasser*
- *3 EL Honig*
- *4 Kugeln Zitroneneis*

Die Minzeblätter mit kochendem Wasser überbrühen. Honig darin auflösen und abkühlen lassen. Mit der Milch vermischen und über je eine Kugel Zitroneneis in die Gläser füllen.

Tipp: Statt der frischen Minzeblätter können Sie auch zwei Beutel Pfefferminztee aufgießen.

BLÜTEN-SHAKE

Für 4 Gläser

- *1/2 l Milch*
- *2 EL Puderzucker*
- *3 Dolden frische Holunderblüten*
- *2 EL Zitronensaft*
- *2 Kugeln Vanilleeis*
- *1/4 l kohlensäurehaltiges Mineralwasser*

Holunderblüten vom Stengel befreien, mit Puderzucker bestäuben und eine halbe Stunde ziehen lassen. Zitronensaft hinzugeben und mit der Milch aufgießen. Das Vanilleeis mit dem Rührgerät darunter mischen. Mit Mineralwasser auffüllen und mit Holunderblüten servieren.

Fitneß-Cocktail

Rosa Radies

FITNESS-COCKTAIL

Für 4 Gläser

- *1/4 l Tomatensaft*
- *1 Becher Joghurt*
- *4 Eier*
- *Salz*
- *Pfeffer frisch gemahlen*
- *1 Prise Cayennepfeffer*
- *1 EL Petersilie*
- *2 EL Schnittlauch*
- *2 EL Zitronenmelisse*
- *1/2 Flasche Heilwasser*
- *Kräuterzweige*

Tomatensaft, Joghurt und die rohen Eier im Mixer kräftig mixen. Mit Salz, Pfeffer und Cayennepfeffer abschmecken. Fein geschnittenen Schnittlauch, gehackte Petersilie und Zitronenmelisse unterziehen und auf vier Gläser verteilen. Mit dem Wasser auffüllen und mit Kräuterzweigen servieren.

ROSA RADIES

Für 4 Gläser

- *1 Bund Radieschen*
- *400 ml Buttermilch*
- *100 ml Rote Beete-Saft*
- *1 Messerspitze Kräutersalz*
- *kohlensäurehaltiges Mineralwasser*

Radieschen von Wurzelenden und Grün befreien, waschen und vier Spiralen für die Dekoration schneiden. Dann die Radieschen mit der Buttermilch im Elektromixer sehr fein pürieren. Rote Beete-Saft und Salz dazugeben und nochmals kurz pürieren. Radieschenmilch auf vier Gläser verteilen, mit gekühltem Mineralwasser auffüllen und jeweils mit einer Radieschenspirale oder einem aufgeschnittenen Radieschen dekorieren. Gut gekühlt sofort servieren.

MÖHREN-MILCH-MIX

1 Eigelb
6 cl Milch
6 cl frisch gepresster Karottensaft
1/4 Apfel
1 TL Honig
Babykarotte

Apfel schälen und entkernen. Das Apfelviertel mit Eigelb, Milch, Karottensaft und Honig im Mixer mit zwei Eiswürfeln durchmixen. In ein vorgekühltes Glas gießen und mit einer Babykarotte dekorieren.

Möhren-Milch-Mix

Kräuter-Trunk

KRÄUTER-TRUNK

1 Eigelb
10 cl Milch
1 TL Zitronensaft
Salz, Pfeffer
2 TL Crème fraîche
2 EL Naturjoghurt
Schnittlauch
Petersilie
Dill

Die fein geschnittenen Kräuter mit den übrigen Zutaten im Mixer mit zwei Eiswürfeln durchmixen. In ein vorgekühltes Glas gießen und mit Kräutern dekorieren.

Eier-Glühwein

EIER-GLÜHWEIN

1 Eigelb
1 Glühfruchtbeutel
1 große Tasse schwarzer Tee
2 Nelkenköpfe
einige Tropfen Zitronensaft
Zitronenscheibe
Nelkenköpfe

Schwarzen Tee aufgießen. Mit den Nelkenköpfen ca. fünf Minuten ziehen lassen. Eigelb mit 4 cl Glühfruchtaufguss und Zitronensaft schaumig schlagen und vorsichtig mit dem Tee (Nelken vorher abseihen) vermischen. Eventuell nochmals erhitzen, aber nicht kochen! In einem hitzebeständigen Glas heiß servieren. Zitronenscheibe mit Nelken spicken und auf den Glasrand setzen.

APFEL-TEE-PUNSCH

Für 4 Personen

3-4 TL schwarze Teeblätter
1/2 l Wasser
1/2 l naturtrüber Apfelsaft
Saft 1/2 Zitrone
50-100 g Honig
2 Zimtstangen
unbehandelte Zitronen- und Orangenschale
1 kleiner Apfel

Teeblätter im Teefilter oder -sieb mit siedend heißem Wasser übergießen und ca. fünf Minuten ziehen lassen. Apfel schälen und in Spalten schneiden. Apfelsaft mit Zitronensaft, Honig, Zimt, Apfelspalten, Zitronen- und Orangenschale unter Rühren langsam aufkochen. Bei geringer Hitze ca. fünf Minuten ziehen lassen. Zimtstangen und Zitrusschalen herausfischen. Den Apfelsaft mit dem heißen Tee vermischen.

Tipp: Sie können den Teepunsch noch verfeinern, indem Sie ein wenig Sanddornmus untermischen und die Apfelspalten mit Gewürznelken spicken.

Apfel-Teepunsch

WEIHNACHTS-TEE

Für 4-6 Personen

4-6 TL Ceylon-Tee
3/4 l Wasser
2 1/2 unbehandelte Zitronen
4-6 Stück Würfelzucker
1 1/2 Orangen
Gewürznelken

Teeblätter im Teefilter oder -sieb mit siedend heißem Wasser übergießen und ca. fünf Minuten ziehen lassen. Die Schalen von zwei Zitronen mit dem Würfelzucker abreiben und in eine Teekanne geben. Eine halbe Orange in Scheiben schneiden, die Schale ringsherum mit Gewürznelken spicken und ebenfalls in die Teekanne geben. Auf ein Stövchen stellen und mit dem Tee und dem Saft einer halben Zitrone und einer Orange aufgießen. Vor dem Servieren kurz ziehen lassen.

Tipp: Darf es ein bißchen Alkohol sein? Dann geben Sie zwei Eßlöffel Cointreau oder Grand Marnier hinzu.

Weihnachts-Tee

TROPEN-TEE

Für 4 Personen

3 TL Hibiskustee
1 TL Schokoladentee
1/2 TL Matetee
1 TL Brombeertee
1 TL Ingwertee
1/2 TL Orangenblütentee
2 Messerspitzen Zimt

Die verschiedenen Teesorten und den Zimt in einem trockenen, sauberen Gefäß mischen oder zusammen in einen Teefilter geben. Mit kochendem Wasser übergießen und je nach Geschmack vier bis fünf Minuten ziehen lassen.

MOHREN-KAFFEE

Für 6 Tassen

4 Riegel bittere Schokolade
1/2 l Kaffee
1/4 l Schlagsahne

Die Schokolade im Wasserbad schmelzen lassen, den heißen Kaffee dazugießen und mit der Schokolade verrühren. In vorgewärmte Tassen füllen und mit einer Sahnehaube bedecken.

Tropen-Tee

CAPPUCCINO

Für 6 Tassen

8 gestr. EL stark gerösteter Kaffee
3 Tassen Wasser
3 Tassen Milch
Kakaopulver
Zucker

Den gemahlenen Kaffee mit drei Tassen Wasser filtern. Die Milch erhitzen. Kaffee und Milch zu gleichen Teilen in die Tasse gießen. Etwas Milchschaum daraufgeben, mit Kakaopulver bestreuen und mit Zucker servieren.

PASADENA-PUNSCH

Für 4-6 Gläser

1/4 l schwarzer Tee
2-3 TL flüssiger Honig
1 Flasche Mangosaft
Saft 1 Zitrone
Saft 1 Orange
Orangenscheiben

Den frisch aufgegossenen Tee mit Honig süßen. Mango-, Zitronen- und Orangensaft hinzugeben und nochmals erhitzen, aber nicht kochen lassen. In hitzebeständige Gläser füllen und mit Orangenscheibe dekorieren.

Cappuccino

CAFÉ ORANGE DO BRASIL

Für 2 Tassen

1/4 l Kaffee
brauner Zucker
2 Orangenscheiben

Zwei Tassen Kaffee zubereiten. Die Tassen zur Hälfte mit braunem Zucker füllen, je eine Orangenscheibe darüber geben und den heißen Kaffee aufgießen. Nicht umrühren!

HOLUNDER-PUNSCH

Für 4-6 Personen

1 l Holundersaft
1/2 l starker schwarzer Tee
1 unbehandelte Orange
1 unbehandelte Zitrone
1 Zimtstange
2 Nelken
Zucker
1 TL Sanddornsirup

Orange und Zitrone spiralförmig schälen. Den Saft auspressen und zusammen mit den Zitrusspiralen, Holundersaft, Tee, Zimtstange und Nelken erhitzen, aber nicht kochen lassen. Mit Zucker und Sanddornsirup süßen, abseihen und in Punschgläsern servieren.

Café Orange do Brasil

Schokolade Mexikanisch

SCHOKOLADE MEXIKANISCH

Für 4 Gläser

1/2 l Milch
3 EL lösliche heiße Schokolade
1 Päckchen Vanillinzucker
1/2 TL Zimt
4 EL Sahne
2 Eigelb
1 EL Zucker
4 Zimtstangen
Mandeln
Für den Kakaorand:
Eiweiß und Kakaopulver

Gläser in Eiweiß und dann in Kakao tauchen. Die Milch mit der löslichen Schokolade, Vanillinzucker, Zimt und der Sahne in einem Topf verrühren und langsam erwärmen. Das Eigelb mit Zucker verquirlen und die Schokoladen-Milch dazugeben. In die vorbereiteten Gläser füllen und mit Mandeln bestreuen.

REZEPTREGISTER

DRINKS MIT ALKOHOL

DRINKS OHNE ALKOHOL

BILDNACHWEIS